KÖNIGS ERLÄUTERUNGEN

Band 253

Textanalyse und Interpretation zu

Theodor Fontane

EFFI BRIEST

Thomas Brand

Alle erforderlichen Infos für Abitur, Matura, Klausur und Referat
plus Musteraufgaben mit Lösungsansätzen

Bange Verlag

Zitierte Ausgaben:
Fontane Theodor: *Effi Briest. Roman.* Husum/Nordsee: Hamburger Lesehefte Verlag, 2009 (Hamburger Leseheft Nr. 171, Heftbearbeitung: Elke und Uwe Lehmann). Zitatverweise sind mit HL gekennzeichnet.
Fontane, Theodor: *Effi Briest. Roman.* Stuttgart: Philipp Reclam jun., 2002 (Reclams Universal-Bibliothek Nr. 6961). Zitatverweise sind mit R gekennzeichnet.

Über den Autor dieser Erläuterung:
Thomas Brand, geboren 1959, verheiratet, zwei Kinder, Studium der Germanistik und evangelischen Theologie in Göttingen und Berlin. Nach Durchführung eines theologischen Forschungsprojekts seit 1992 Lehrer für Deutsch und evangelische Religion an Gymnasien in Dresden, Fürstenwalde (Spree) sowie als Schulleiter in Berlin. Autor von Lernhilfen verschiedener Verlage sowie von Königs Erläuterungen und Lernhilfen des Bange Verlages.

3. Auflage 2015
ISBN 978-3-8044-1951-3
PDF: 978-3-8044-5951-9, EPUB: 978-3-8044-6951-8

Titelbild: Ausschnitt aus einem Poster zum Film „Effi Briest" (BRD 2008), © Cinetext/Constantin Film
Druck und Weiterverarbeitung: Tiskárna Akcent, Vimperk

1. DAS WICHTIGSTE AUF EINEN BLICK – SCHNELLÜBERSICHT 6

2. THEODOR FONTANE: LEBEN UND WERK 9

2.1 Biografie 9
2.2 Zeitgeschichtlicher Hintergrund 14
2.3 Angaben und Erläuterungen zu wesentlichen Werken 16

3. TEXTANALYSE UND -INTERPRETATION 20

3.1 Entstehung und Quellen 20
Historisches Vorbild 20
Die literarische Parallele: Gustave Flauberts *Madame Bovary* (1856) 24
3.2 Inhaltsangabe 27
3.3 Aufbau 40
3.4 Personenkonstellation und Charakteristiken 42
Effi Briest 43
Geert von Innstetten 48
Effi Briests Elter 51
Major Crampas 53
Johanna und Roswitha 55
Gieshübler 56
Wüllersdorf 57
Der Adel 58
Problemfelder: Frauenbild und Rollenverständnis – Duell und Ehrenkodex 59

3.5 Sachliche und sprachliche Erläuterungen 62
3.6 Stil und Sprache 79
Gespräche 79
Briefe 85
Humor und Ironie 87
Verklärung 90
Vorausdeutungen 91
3.7 Interpretationsansätze 97
Effi Briest – die Geschichte einer gescheiterten Ehe 97
Kritik an der Macht gesellschaftlicher Normen 99
Kritik an der adligen Gesellschaft 100
Effi Briest – exemplarische Darstellung eines Frauenschicksals 101

4. REZEPTIONSGESCHICHTE 102

5. MATERIALIEN 106

Der Adel als gesellschaftlich geschlossene Gruppe 106
Zeitgeschichtlicher Hintergrund – Preußen, der Adel und das Militär 108
Die Frauenfrage 110
Das Duell 111
Duell und Ehebruch – Folgen für die Frau 115

6. PRÜFUNGSAUFGABEN MIT MUSTERLÖSUNGEN 117

LITERATUR 136

STICHWORTVERZEICHNIS 139

1. DAS WICHTIGSTE AUF EINEN BLICK – SCHNELLÜBERSICHT

Damit sich jeder Leser in unserem Band rasch zurechtfindet und das für ihn Interessante gleich entdeckt, hier eine Übersicht.

Im 2. Kapitel beschreiben wir Fontanes Leben und stellen den zeitgeschichtlichen Hintergrund dar:

⇨ S. 9 ff.
→ Theodor Fontane lebte von 1819 bis 1898, die meiste Zeit in Berlin.

⇨ S. 14 f.
→ Das Deutsche Reich bestand seit 1871. Preußen mit seiner Metropole Berlin hatte darin eine Vormachtstellung. Dem Adel kam, besonders für das Militärwesen, besondere Bedeutung zu.

⇨ S. 16 ff.
→ *Effi Briest* ist ein später Roman Fontanes und ist 1894/95 erschienen. Zuvor war Fontane durch seine Gedichte und seine *Wanderungen durch die Mark Brandenburg* berühmt geworden.

Im 3. Kapitel bieten wir eine Textanalyse und -interpretation.

Effi Briest – Entstehung und Quellen:

⇨ S. 20 ff.
Effi Briest liegt ein historischer Fall – eine seinerzeit spektakuläre Ehebruchsgeschichte – zugrunde, der aber von Fontane stark umgearbeitet wurde.

Inhalt:

⇨ S. 27 ff.
Der Roman enthält 36 Kapitel.

Effi wird als 17-Jährige von Innstetten, der schon einmal Bewerber um die Mutter war, geheiratet. Der Altersunterschied sowie große Mentalitätsunterschiede und das Leben im eher hinterwäldlerischen Kessin führen zu einer Krise. Effi lässt sich anscheinend leichtfertig auf eine Affäre mit Crampas, einem Major und Frauenhelden, ein. Jahre später, Effi lebt mit ihrer Familie wieder in Berlin, wird diese Affäre durch einen Zufall aufgedeckt. Obwohl es offenkundig sinnlos ist und er selbst keine persönlichen Rachegelüste verspürt, fordert Innstetten Crampas zum Duell und tötet ihn. Effi wird aus ihrer Familie, auch von ihren Eltern, verstoßen und lebt allein in Berlin. Erst schwer krank darf sie in ihr Elternhaus zurückkehren und stirbt dort.

Personen:

Die Hauptpersonen sind

Effi Briest: ⇨ S. 43 ff.

- → aus brandenburgischem Adel stammend
- → unbeschwert, kindlich
- → unkonventionell

Geert von Innstetten: ⇨ S. 48 ff.

- → prinzipientreu
- → ambitioniert
- → steif, konservativ
- → rational denkend

Major Crampas: ⇨ S. 53 ff.

- → Frauenheld
- → unterhaltsam
- → eher untypischer Soldat

➪ S. 51 ff.

Vater Briest:

→ lebenserfahren
→ humorvoll
→ gute Menschenkenntnis

Mutter Briest:

→ ambitioniert
→ prinzipientreu

Wir stellen diese Hauptfiguren ausführlich vor und berücksichtigen auch einige Nebenfiguren.

Stil und Sprache Fontanes:

➪ S. 79 ff.

Fontane ist ein Vertreter des poetischen Realismus:

→ Er will Menschen in ihren tatsächlichen Lebensverhältnissen darstellen.
→ Er beschreibt auch Details und scheinbare Belanglosigkeiten.
→ Sein wichtigstes Mittel ist der Dialog.

Vier Interpretationsansätze bieten sich an:

➪ S. 97 ff.

Effi Briest ist

→ der Roman einer gescheiterten Ehe;
→ eine Kritik an den damals geltenden Konventionen;
→ eine kritische Darstellung der adligen Gesellschaft;
→ die exemplarische Darstellung eines Frauenschicksals.

2. THEODOR FONTANE: LEBEN UND WERK

2.1 Biografie

Theodor Fontane
1819–1898

JAHR	ORT	EREIGNIS	ALTER
1819	Neuruppin (Mark Brandenburg)	Geburt am 30. Dezember als erster Sohn des Apothekers Louis Henri Fontane und seiner Frau Emilie. Die Vorfahren sind Hugenotten, die seit Ende des 17. Jahrhunderts in Brandenburg ansässig sind.	
1827	Swinemünde/ Usedom	Kauf der „Adler-Apotheke" durch den Vater; Fülle neuer Eindrücke.	7
1827	Swinemünde	Trennung der Eltern, Rückkehr der Mutter nach Neuruppin, Theodor bleibt beim Vater.	7
1832	Neuruppin	Besuch des Gymnasiums	12
1833	Berlin	Besuch der Friedrich-Werderschen-Gewerbeschule; Unterkunft bei seinem Onkel August und dessen Frau Philippine. Fontane lernt sowohl Künstler- als auch Arbeitermilieu kennen.	13
1835	Berlin	Begegnung mit seiner späteren Frau Emilie	15
1836	Berlin	Schulabschluss mit dem „Einjährigen" (= Mittlere Reife), die zu einem verkürzten Militärdienst von einem Jahr berechtigt. Beginn der Apothekerlehre.	16
1839	Berlin	Veröffentlichung der Novelle *Geschwisterliebe* im Berliner „Figaro"	19
1840	Berlin	Anstellung als Apothekergehilfe; schriftstellerische Nebentätigkeit, Veröffentlichung verschiedener Gedichte; Mitgliedschaft im Platen- und im Lenau-Klub.	20

2.1 Biografie

JAHR	ORT	EREIGNIS	ALTER
1840	Burg	Tätigkeit in der Apotheke Dr. Kannenberg; Kleinstadtsatire *Burg* (veröffentlicht 1924); Krankheit (vermutlich Typhus).	20
1841	Leipzig	Tätigkeit in der Apotheke „Zum weißen Adler"; Nähe zu jungdeutschen Kreisen; Veröffentlichungen in der Zeitschrift „Die Eisenbahn" (Gedichte und Korrespondenzen, Theaterkritik); Mitgliedschaft im Herwegh-Verein, dort Freundschaft mit W. Wolfsohn und Max Müller; Krankheit.	21
1842	Dresden	Tätigkeit in der Salomonis-Apotheke; Ablehnung von 38 Gedichten durch einen Züricher Verlag.	22
1843	Letschin	Tätigkeit in der Apotheke seines Vaters; Hamlet-Übersetzung; erste Veröffentlichung im „Morgenblatt für Gebildete Leser" (Gedichte).	23
1843	Berlin	Gast im literarischen Verein „Tunnel über der Spree"	23
1844	Berlin	Beginn des einjährigen Militärdienstes; erste Englandreise im Mai und Juni; ordentliches Mitglied im „Tunnel über der Spree", dort intensive Beschäftigung mit Literatur, aktive Mitgliedschaft bis 1855.	24
1845	Berlin	Tätigkeit als Rezeptar in der „Polnischen Apotheke" (Friedrichstraße 8). Verlobung mit Emilie Rouanet-Kummer.	25
1847	Berlin	Apothekerexamen; Einstellung in die „Jungsche Apotheke" (letzte Apothekerstelle, bis 1849)	27

JAHR	ORT	EREIGNIS	ALTER
1848	Berlin	Teilnahme an den Straßenkämpfen am 18. März; journalistische Arbeiten bei der Berliner Zeitungs-Halle; *Karl Stuart* (Fragment); Pharmazielehrer am Krankenhaus Bethanien.	28
1850	Berlin	Vier *Aufsätze für die Deutsche Reform*; Anstellung am „Literarischen Cabinett", einer Zensureinrichtung (nur wenige Wochen); Tätigkeit als regierungsnaher Journalist; Heirat mit Emilie Rouanet-Kummer.	30
1851	Berlin	Verschiedene Tätigkeiten, Privatlehrer; Einstellung bei der Nachfolgeorganisation des „Literarischen Cabinetts", der „Centralstelle für Preßangelegenheiten"; Tätigkeit bei der „Adler-Zeitung".	31
1852	London	April bis September: Korrespondent für die „Adler-Zeitung"; Balladen und Erzählungen.	32
1853	Berlin	Schlussredakteur der „Adler-Zeitung"; nebenbei Tätigkeit als Privatlehrer.	33
1854	Berlin	Herausgabe des „Argo", der Zeitschrift der literarischen Vereinigung Rütli, einer Verzweigung des „Tunnel"; *Unsere lyrische und epische Poesie seit 1848*.	34
1855	London	Mehrjähriger Englandaufenthalt zwecks Aufbaus der „Deutsch-Englischen Correspondenz zur Steigerung des preußischen Ansehens in England" (eingestellt 1856)	35
1856	London	Halbamtlicher Presseagent der preußischen Regierung; Tätigkeit für verschiedene deutsche Zeitungen.	36

JAHR	ORT	EREIGNIS	ALTER
1857	London	Übersiedlung Emilies und der beiden Söhne	37
1858	London/Schottland	Schottlandreise mit B. v. Lepe; Übersetzungen, Reiseberichte, Feuilletons, Reportagen.	38
1858	Berlin	Kündigung des Vertrags als preußischer Staatsbediensteter	38
1860	Berlin	Redakteur bei der konservativen „Kreuz-Zeitung" (bis 1870); Geburt der Tochter Martha (Methe).	40
1861	Berlin	*Die Grafschaft Ruppin* (erster Band der *Wanderungen durch die Mark Brandenburg*)	41
1862	Berlin	Wahlmannskandidat der Konservativen Partei für die Wahl des preußischen Abgeordnetenhauses	42
1867	Schiffmühle bei Freienwald	Tod des Vaters	47
1869	Neuruppin	Tod der Mutter	49
1870	Berlin	Kündigung bei der „Kreuz-Zeitung"; Theaterkritiker bei der „Vossischen Zeitung"; Reise zum Schauplatz des Deutsch-Französischen Krieges nach Frankreich; Verhaftung als angeblicher preußischer Spion.	50
1874	Italien	Italienreise mit Emilie (Verona, Venedig, Florenz, Rom, Neapel)	54
1876	Berlin	März: ständiger Sekretär der Königlichen Akademie der Künste; Mai: Entlassungsgesuch; August: Entlassung; Ende der Tätigkeit: Ende Oktober; Wiederaufnahme der Kritikertätigkeit.	56
1878	Berlin	Erscheinen von *Vor dem Sturm*, seinem ersten Roman	58

JAHR	ORT	EREIGNIS	ALTER
1879	Berlin	*Grete Minde*	59
1880	Berlin	*L'Adultera*	60
1881	Berlin	*Ellernklipp*	61
1882	Berlin	*Schach von Wuthenow*	62
1884	Berlin	*Graf Petöfy*	64
1885	Berlin	*Unterm Birnbaum*	65
1886	Berlin	*Cécile*	66
1887	Berlin	*Irrungen, Wirrungen*	67
1890	Berlin	*Stine; Quitt*	70
1891	Berlin	*Unwiederbringlich;* Schillerpreis	71
1892	Berlin	*Frau Jenny Treibel*	72
1894/ 1895	Berlin	*Effi Briest*; Ehrendoktor der Berliner Universität	74/75
1895/ 1896	Berlin	*Die Poggenpuhls*	75/76
1897	Berlin	*Der Stechlin*	77
1898	Berlin	Fontane stirbt am 20.September; Beisetzung am 24. September auf dem Friedhof der Reformierten Gemeinde.	78
1902	Berlin	Tod Emilie Fontanes	
1906	Berlin	Veröffentlichung von *Mathilde Möhring* in der „Gartenlaube"	
1917	Waren	Tod der Tochter Martha	
1933	Berlin	Tod des Sohnes Theodor	
1941	Neuruppin	Tod des Sohnes Friedrich	

2.2 Zeitgeschichtlicher Hintergrund

ZUSAMMEN-FASSUNG

Wichtig um 1890:

- → Preußen und Berlin haben eine Vormachtstellung im Deutschen Reich.
- → Das Bürgertum gewinnt Macht gegenüber dem Adel.
- → Der Adel hält Vormachtstellung in Militär, Politik und Landbesitz.
- → Berlin entwickelt sich zur Weltstadt.
- → In den Mietskasernen herrscht soziale Not.

Stichwortartig finden sich die im Folgenden wiedergegebenen Ereignisse bereits im biografischen Abriss. Sie sind an dieser Stelle hinsichtlich ihres möglichen Einflusses auf das literarische Schaffen des späten Fontane, besonders auf *Effi Briest*, zusammengestellt. Dabei geht es besonders um das zwiespältige Verhältnis zu Preußen, das zwischen einer Bejahung der traditionellen Werte der Vertreter des Preußentums und einer Kritik an Preußens Erstarrung schwankt.

JAHR	EREIGNIS/EINFLUSS
1841–1844	Begeisterung für die revolutionäre Dichtung (Vormärz), z. B. Freiligrath und Herwegh → gesellschafts- und adelskritisches Element
1844	Mitgliedschaft im literarischen Klub „Der Tunnel", der eine konservative, die revolutionäre Richtung ignorierende Linie in der Literatur vertritt; mögliches Motiv: Überwindung einer gewissen Isolation, Suche nach einer geistigen Heimat → konservatives, das Preußentum bejahendes Element, wie es in vielen von Fontanes Büchern zu finden ist

JAHR	EREIGNIS/EINFLUSS
1848	Teilnahme am März-Aufstand der Demokraten, später von Fontane allerdings heruntergespielt → gesellschafts- und adelskritisches Element (siehe oben)
1849	Erneute Hinwendung zum Preußentum; mögliches Motiv: berufliche Ambitionen („Literarisches Kabinett"), Sympathien mit der preußischen Nationalversammlung gegenüber dem Paulskirchen-Parlament
1855–1959	Presseagent der preußischen Regierung in London → Ausbildung einer genauen Beobachtungsgabe und der kritisch-realistischen Darstellungsweise beim Vergleich der Verhältnisse in beiden Ländern
1859–1869	Redakteur der konservativen „Kreuz-Zeitung" → finanzielle Unabhängigkeit als Grundlage für die *Wanderungen*, die das Verhältnis zum Preußentum entscheidend prägen (historische Verklärung, die bewusst auf die Vergangenheit beschränkt bleibt)
1866–1876	Verschiedene Kriegsbücher → ambivalente Einstellung zum Preußentum, zunehmende Kritik und auch kritische Rezeption der Kriegsbücher in Preußen; kein Siegerpathos, ironische Beschreibung einzelner Charaktere
1870/1871	Deutsch-Französischer Krieg, Reichsgründung und staatliche Einheit Deutschlands, „Gründerzeit", Militarisierung der Gesellschaft → Ernüchterung und Kritik am Preußenmythos als Gegenreaktion → Gesellschafts- und Adelskritik

2.3 Angaben und Erläuterungen zu wesentlichen Werken

ZUSAMMEN-FASSUNG

Fontanes Schaffen umfasst vier Schwerpunkte:

- → Lyrik
- → Journalistik
- → Kriegsbücher
- → Romane
- → Eine Sonderstellung nehmen die *Wanderungen durch die Mark Brandenburg* ein.

Erst mit 59 Jahren veröffentlichte Fontane seinen ersten Roman – um in der Folge fast jährlich einen neuen vorzulegen. Wenn es überhaupt möglich ist, in diesem vielseitigen und langen schriftstellerischen Schaffen einen gemeinsamen Bezugspunkt auszumachen, so handelt es sich um Preußen. Dass Fontanes Einstellung zu Preußen Wandlungen unterworfen war, wurde bereits bei der Analyse der lebens- und schaffensprägenden Einflüsse deutlich. Dieses findet seinen Niederschlag auch in seinen literarischen Werken, wie die folgende Grafik verdeutlicht.

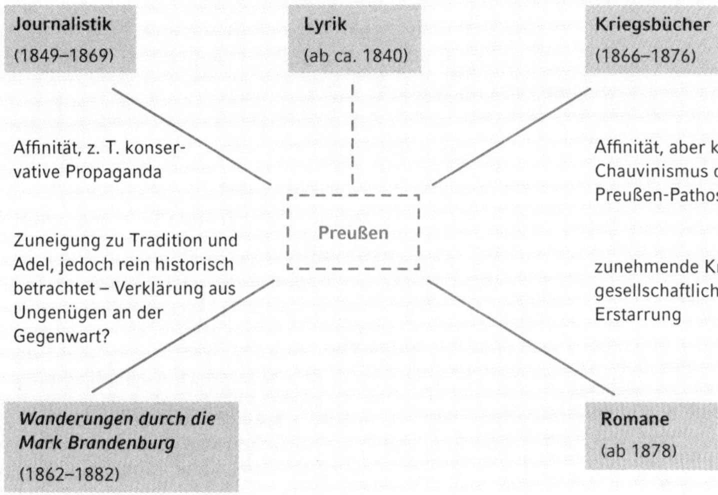

Deutlich wird: Die Romane als das Spätwerk Fontanes repräsentieren seine gegenüber dem Preußentum kritischste Periode. Dabei richtet sich seine Kritik nicht gegen preußische Tugenden oder den Adel an sich. Immer wieder entwirft Fontane liebenswürdige Vertreter dieser Schicht, wie etwa Schach von Wuthenow, Dubslaw von Stechlin oder den alten Briest. Bezeichnenderweise sind diese in den Romanen aber stets Repräsentanten einer vergehenden Zeit. Umso mehr gilt Fontanes Kritik der Erstarrung und Unbeweglichkeit des Systems und seiner Repräsentanten. Diese ist mustergültig in Innstettens Umgang mit dem Ehrenkodex zu sehen: Auch wenn er um dessen Überkommenheit weiß, fügt er sich ihm (zunächst) widerstandslos. So kann *Effi Briest* allgemein als repräsentativ für Fontanes Einstellung zum Preußentum und zur preußischen Gesellschaft angesehen werden: Nicht ohne Sympathie werden Verfallserscheinungen gleichwohl deutlich gekennzeichnet und kritisiert.

Zentrale Rolle des Romans *Effi Briest*

Innerhalb von Theodor Fontanes Romanen nimmt *Effi Briest* eine zentrale Rolle ein, denn bestimmte Aspekte, die auch in anderen bedeutsamen Romanen auftreten, erscheinen hier in gebündelter Form: die Thematik einer unerfüllten, oftmals an Standesvoraussetzungen scheiternden Liebe, die Frage nach dem Anspruch auf persönliches Glück, das Problem eines überkommenen, nicht mehr zeitgemäßen Ehrenkodex und damit verbunden die Kritik am Adel und seiner Unfähigkeit, sich den wandelnden gesellschaftlichen Verhältnissen anzupassen. Dabei ergibt es sich zumeist, dass eine Liebesbeziehung an gesellschaftlichen Normen und Vorurteilen scheitert, was mit dem persönlichen Ruin, oftmals auch dem Tod eines oder beider Protagonisten endet. Eine Ausnahme dazu bildet *Stine*, eine Novelle aus dem Jahre 1890: Hier ist es die selbstbewusste und von Fontane sympathisch sowie mit Humor gezeichnete Titelheldin, die, aus niederen Verhältnissen stammend, eine ungleiche Liebesbeziehung scheitern lässt. Es ist bezeichnend, dass Fontane hier – vermutlich gegen den „Normalfall" – eine Protagonistin aus den unteren Ständen initiativ werden lässt.

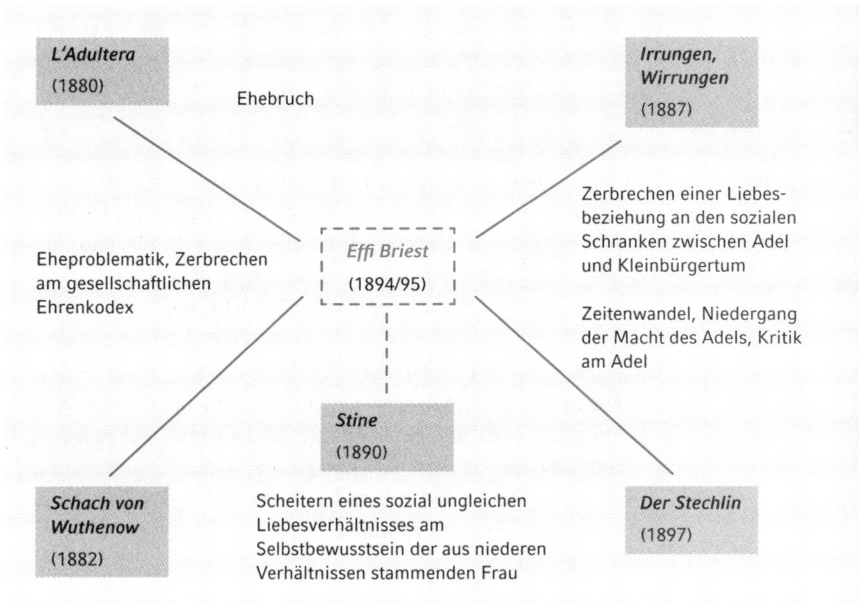

Aus dieser Übersicht kann man die Schlussfolgerung ziehen, dass *Effi Briest* sowohl repräsentativ für Fontanes Gesamtwerk als auch für seine Romane im Besonderen angesehen werden kann. Vielleicht erklärt sich daraus auch der besondere Erfolg des Romans.

3. TEXTANALYSE UND INTERPRETATION

3.1 Entstehung und Quellen

ZUSAMMENFASSUNG

1890–1894	Fontane schreibt den Roman *Effi Briest*.
1894/1895	*Effi Briest* erscheint als zweiteiliger Vorabdruck in der Zeitschrift „Deutsche Rundschau“ im Verlag seines Sohnes Friedrich Fontane.
1895	*Effi Briest* erscheint in Buchform.

Effi Briest liegt ein historischer Fall zugrunde, eine seinerzeit spektakuläre Ehebruchgeschichte. Fontane hat diese jedoch stark umgearbeitet, einerseits um Beschwerden der beteiligten Personen, die bei Erscheinen des Romans noch lebten, zu vermeiden, andererseits um seine Aussage stärker zum Ausdruck bringen zu können.

Historisches Vorbild[1]

Das Vorbild für die Figur der Effi war die 1853 geborene Elisabeth („Else“) von Plotho und ihre Ehe mit dem Offizier Armand von Ardenne.

1 Die Darstellung folgt H. W. Seiffert, Zeugnisse und Materialien zu Fontanes *Effi Briest* und Spielhagens *Zum Zeitvertreib*. In: *Studien zur neueren deutschen Literatur*, hrsg. v. H. W. Seiffert, Berlin 1964, 260–265.

ELISABETH UND ARMAND VON ARDENNE	EFFI UND GEERT VON INNSTETTEN	SCHLUSSFOLGERUNGEN AUS DEN WESENTLICHEN UNTERSCHIEDEN HISTORIE – ROMAN
Schichtzugehörigkeit: → Adel	Schichtzugehörigkeit: → Adel	
Personen: → Elisabeth v. Ardenne, geb. v. Plotho, jüngste Tochter einer Gutsbesitzerfamilie aus der Altmark → Armand v. Ardenne, Soldat und Ministerialer im Kriegsministerium → Emil Hartwich, Amtsrichter	Personen: → Effi v. Innstetten, geb. v. Briest, einzige Tochter einer märkischen Gutsbesitzerfamilie → Geert v. Innstetten, Landrat und Ministerialer → Major v. Crampas, Soldat, Bezirkskommandeur der Landwehr	
Alter bei der Hochzeit: → Elisabeth 19 Jahre → Armand 24 Jahre	Alter bei der Hochzeit: → Effi 17 Jahre → Geert 42 Jahre	Der Altersunterschied motiviert die große Verschiedenheit zwischen Effi und Innstetten zusätzlich.
Hochzeit nach längerem Drängen Ardennes und längerer Verlobungszeit	Hochzeit auf Drängen der Mutter; in sehr kurzer Zeit beschlossene Sache	Hochzeit wirkt zum Teil unfreiwillig, Effi wird „überrumpelt". → Motivierung späteren Unglücks in der Ehe; Rolle der Eltern (v. a. im Vergleich zum Verhalten am Schluss, nach der Scheidung)

ELISABETH UND ARMAND VON ARDENNE	EFFI UND GEERT VON INNSTETTEN	SCHLUSSFOLGERUNGEN AUS DEN WESENTLICHEN UNTERSCHIEDEN HISTORIE – ROMAN
gesellschaftliches Leben in Düsseldorf	Landratshaus in Kessin	Kessin im Gegensatz zum Leben der Ardennes in Düsseldorf langweilig und rückschrittlich → zusätzliches Motiv für Unbehagen Effis und Ehebruch
Emil Hartwich als Freund der Familie → gemeinsame Interessen mit Elisabeth, die sich z. T. auch von denen Ardennes unterscheiden (z. B. Theaterspiel) Längere Dauer der Affäre; Heirat zwischen Elisabeth und Hartwich geplant	Crampas als alter Bekannter Innstettens → gemeinsame Ansichten und Interessen mit Effi, zum Teil im Gegensatz zu Innstetten (z. B. Theaterspiel) Effi hat sich – auch innerlich – von Crampas gelöst; nur kurze Dauer der Affäre.	Die Trennung Effis von Crampas lässt das Duell und die Folgen (Scheidung, Annie) zusätzlich als überflüssig erscheinen.
gezielte Suche Ardennes nach Briefen Hartwichs Duell Ardenne/Hartwich, Bitte Hartwichs um Verzeihung	Zufälliger Fund der Briefe bei der Suche nach Verbandsmaterial Duell Innstetten/Crampas, letztes Wort erstirbt Crampas auf den Lippen	Zufälligkeit des Fundes stellt die Tragik der Folgen besonders heraus. Folgen für Innstetten sind u. U. belastender.
Scheidung der Ehe, Mutter darf aber Kinder sehen, wenngleich kein festes Besuchsrecht	Scheidung der Ehe, nur einmaliges Wiedersehen von Effi und Annie auf höchste Intervention (Ministerfrau)	Prinzipientreue und Unerbittlichkeit bis zur Unmenschlichkeit Innstettens stärker herausgehoben.

ELISABETH UND ARMAND VON ARDENNE	EFFI UND GEERT VON INNSTETTEN	SCHLUSSFOLGERUNGEN AUS DEN WESENTLICHEN UNTERSCHIEDEN HISTORIE – ROMAN
Elisabeth von Familie verstoßen	Effi von Familie verstoßen, später unter dem Eindruck der Krankheit zurückgeholt	Menschlichkeit als Verstoß gegen die Konvention
kurze Haft Ardennes, dann Karriere beim Militär und im Kriegsministerium	kurze Haft Innstettens, Karriere im Ministerium, aber Einsicht und karrierekritische Einstellung	Innstettens eigene Einsicht unterstreicht den falschen, weil unmenschlichen Charakter der Duellentscheidung.
Elisabeth arbeitet als Krankenschwester und stirbt 99-jährig in Lindau.	Effi stirbt mit 29 Jahren an den Folgen der Erschöpfung, die die Ereignisse zur Folge hatten.	Früher Tod Effis hebt die Tragik des Falls zusätzlich hervor.

Insgesamt haben die Veränderungen – neben der Verhüllung des historischen Vorbilds – die Funktion,

- → den Ehebruch deutlicher zu motivieren, indem die Eheleute als gegensätzlicher und das Leben in Kessin als Einöde geschildert werden;
- → die Entscheidung Innstettens für das Duell als noch absurder, überflüssiger und menschenverachtender hinzustellen, als sie es ohnehin schon ist;
- → das Schicksal Effis in seiner Härte noch deutlicher herauszustellen, als es beim historischen Vorbild der Fall ist.

Die literarische Parallele: Gustave Flauberts *Madame Bovary* (1856)

Effi Briest gilt als einer der wichtigsten Romane des poetischen Realismus in Deutschland. Der poetische Realismus in Deutschland steht seinerseits im Kontext realistischer Literatur in ganz Europa, die ein gemeinsames Anliegen, die poetische Verdichtung der zeitgenössischen Lebensumstände und die – moderate – Kritik an überkommenen gesellschaftlichen Verhältnissen zum Thema hat. In diesem Zusammenhang wird neben Tolstoijs *Anna Karenina* stets Gustave Flauberts Roman *Madame Bovary* als Parallele und Vorläufer zu *Effi Briest* genannt.

Eine Gegenüberstellung der wichtigsten Charaktere und Handlungsschritte soll die Parallelen zwischen beiden Romanen und die signifikanten Unterschiede aufzeigen.

MADAME BOVARY	EFFI BRIEST	GEMEINSAMKEITEN/ UNTERSCHIEDE
Hauptpersonen: → Emma Bovary → Charles Bovary → Léon	Hauptpersonen: → Effi v. Briest → Geert v. Innstetten → Major v. Crampas	Die Personen in *Effi Briest* entstammen durchweg dem Adel. Dadurch bekommt die Frage der Konvention (Ehre) ein entscheidendes Gewicht.
Emma Bovary: → wohlbehütete Tochter eines reichen Bauern → klösterliche Erziehung → romantisch und träumerisch veranlagt	Effi Briest: → behütete und glückliche Kindheit als Angehörige des Landadels → abenteuerlustig, lebensfreudig, romantisch veranlagt	Beide Frauen bringen äußerlich gute Bedingungen für ein gelingendes Leben mit. Effi fällt stärker als Emma aus dem tradierten Rollenverständnis der Frau zur damaligen Zeit heraus.

MADAME BOVARY	EFFI BRIEST	GEMEINSAMKEITEN/ UNTERSCHIEDE
→ Unbehagen in der Ehe, Monotonie des Alltags wirkt bedrückend → bricht gesellschaftliche Konventionen	→ Unbehagen in der Ehe (Langeweile, Vernachlässigung) → bricht gesellschaftliche Konventionen	Interessen/Gefühle der Frauen waren gegenüber denen der Männer unbedeutend; Selbstverwirklichung nur auf dem Wege des Bruchs mit den Konventionen.
→ verschwenderische Lebensweise → Perspektivlosigkeit, Selbstmord	→ Hang zum Luxus, den sie aber zurückstellen kann → erkennt Gründe für ihr Scheitern, akzeptiert dieses, verliert Lebensfreude	Luxus als Form der Kompensation mangelnder Anerkennung; beide Frauen zerbrechen an der Übermacht der gesellschaftlichen Verhältnisse, Effi wirkt jedoch bewusster.
Charles Bovary: → geduldig → konservativ → verrichtet seine stupide Arbeit gewissenhaft, mit Selbstverständlichkeit und dumpfer Betriebsamkeit	Geert von Innstetten: → korrekt, steif → sehr konservativ → karrierebewusst, zielstrebig, keine Selbstzweifel	Innstetten ist stärker als aktiv Handelnder dargestellt. Das betrifft nicht nur seinen eigenen Werdegang (Karriere), sondern auch das Schicksal seiner Frau nach Aufdeckung der Affäre.
→ langweiliger Mensch → unfähig zur Einsicht in seine eigene Schuld	→ langweilig; großer Altersunterschied, Unfähigkeit, Gefühle zu zeigen und zu leben → Einsicht in seine eigene Schuld, wobei aber offen bleibt, ob das Konsequenzen hat	Der Aspekt persönlicher Schuld bekommt dadurch ein größeres Gewicht. Das zeigt auch Innstettens Einsicht im zweiten Gespräch mit Wüllersdorf.

Gemeinsam ist beiden Romanen, dass Frauen zu Opfern gesellschaftlicher Umstände werden, gegen die sie sich nur mit einem radikalen Bruch der Konvention (Ehebruch) wehren können. Beide Romane enden mit einer mehr oder weniger zwangsläufigen Ergebenheit in die Verhältnisse, die die Frauen in die Katastrophe führt. Allerdings werden in *Effi Briest* diese gesellschaftlichen Umstände deutlicher markiert und zum Gegenstand der Kritik. In Effis Wutausbruch nach der Begegnung mit Annie werden die gesellschaftlichen Konventionen offen als unmenschlich gebrandmarkt. Beide Hauptpersonen sind bei Fontane schärfer, mit einem höheren Grad an individuellem Bewusstsein gezeichnet. Das hebt die Kritik an der Gesellschaft seiner Zeit stärker hervor, als das in *Madame Bovary* der Fall ist, wo das psychologische Moment stärker betont wird.

3.2 Inhaltsangabe

ZUSAMMENFASSUNG

Effi Briest wird als 17-Jährige von Innstetten, der schon einmal Bewerber um die Mutter war, geheiratet. Der Altersunterschied sowie große Mentalitätsunterschiede und das Leben im eher hinterwäldlerischen Kessin führen zu einer Krise. Effi lässt sich anscheinend leichtfertig auf eine Affäre mit Crampas, einem Major und Frauenhelden, ein. Jahre später, Effi lebt mit ihrer Familie wieder in Berlin, wird diese Affäre durch einen Zufall aufgedeckt. Obwohl es offenkundig sinnlos ist und er selbst keine persönlichen Rachegelüste verspürt, fordert Innstetten Crampas zum Duell und tötet ihn. Effi wird aus ihrer Familie, auch von ihren Eltern, verstoßen und lebt allein in Berlin. Erst schwer krank darf sie in ihr Elternhaus zurückkehren und stirbt dort.

Erstes Kapitel

Effi, Tochter des märkischen Gutsbesitzers von Briest und seiner Frau, sitzt mit ihrer Mutter auf dem Fliesengang des Herrenhauses Hohen-Cremmen; beide sind mit einer Handarbeit beschäftigt. Sie erwarten den Besuch des Barons Innstetten, eines Freundes der Mutter. Die fünfzehnjährige Effi macht einen unbeschwerten, ja leichtsinnigen Eindruck. Drei Freundinnen kommen dazu. Ihnen erzählt Effi die Geschichte Innstettens, der vor Jahren um ihre Mutter geworben hatte, von ihr aber zugunsten des finanziell gesicherten Briest abgewiesen worden war. Inzwischen ist Innstetten Landrat in Kessin in Hinterpommern und hat offensichtlich Aufstiegspläne.

Detailgenaue, zugleich symbolische Beschreibung von Effis Zuhause; erste Andeutungen eines tragischen Endes bereits im ersten Kapitel.

Zweites Kapitel

Heiratsantrag Innstettens; Interessen der Mutter

Effi spielt mit ihren Freundinnen im Garten, als Innstetten verfrüht eintrifft. Als ihre Mutter sie hereinruft, teilt sie Effi mit, dass Innstetten um ihre Hand angehalten hat. Die Mutter scheint diese Ehe sehr zu wünschen. Effi soll eine „gute Partie" machen; zugleich lässt sie Effi keine Wahl: „... wenn du nicht nein sagst, was ich mir von meiner klugen Effi kaum denken kann, so stehst du mit zwanzig Jahren da, wo andere mit vierzig stehen. Du wirst deine Mama weit überholen." (HL S. 14/R S. 17)

Drittes Kapitel

Verlobung und Hochzeitsvorbereitungen

Noch am selben Tag findet die Verlobung statt. Effis Freundinnen gratulieren, sind aber auch etwas unsicher. Vater Briest zeigt sich Innstetten gegenüber als jovialer, abgeklärter Mensch, dem seine Unabhängigkeit über die gesellschaftliche Stellung geht. Effi kauft mit ihrer Mutter das Wichtigste für die Hochzeit ein, wobei sie schöne Tage in Berlin erlebt. Zugleich zeigt sich, dass sie allgemein zwar bescheiden ist, im Besonderen aber anspruchsvoll sein kann.

Viertes Kapitel

Effi stellt eine Art Rangordnung ihrer Ansprüche auf, wobei sie einen recht naiven Eindruck macht; zugleich sieht sie eigene Schwächen.

Mutter und Tochter reisen aus Berlin ab, nicht ohne den geschätzten Vetter Dagobert von Briest zur Hochzeit einzuladen. Der Vater empfängt sie zu Hause mit der Nachricht, er habe seinen Gutsinspektor wegen Ehebruchs entlassen müssen. Die Hochzeitsvorbereitungen sind in vollem Gange. Währenddessen lässt Vater Briest eine gewisse Distanz zu Innstetten erkennen. Effi plagen dunkle Vorahnungen in Bezug auf Kessin. Auf einen Brief Innstettens reagiert sie recht zurückhaltend. Im Gespräch mit ihrer Mutter lässt sie zwei Vorlieben erkennen: einerseits Liebe, andererseits Reichtum, Glanz und Ehre. Die Mutter befragt Effi nochmals auf ihre Gefühle gegenüber Innstetten, doch diese steht zur geplanten Hochzeit. Nur Innstettens scheinbare Prinzipienfestigkeit stört sie.

Fünftes Kapitel

Die Hochzeit ist vorbei. Im Gespräch thematisieren Vater und Mutter Briest die Gegensätze zwischen Effi und Innstetten. Beide haben jedoch keine grundsätzlichen Zweifel daran, dass Effi und Innstetten gut zueinander passen. Die Mutter ahnt, was zur Belastung werden kann: Langeweile, gegen die Innstetten kein Rezept haben wird. Die Hochzeitsreise geht nach Italien. Allem Anschein nach besucht das junge Paar nur Galerien und kulturelle Sehenswürdigkeiten.

Die Eltern erkennen die Probleme, sehen Konflikte voraus, verdrängen aber die eigene Verantwortung.

Sechstes Kapitel

Nach der Hochzeitsreise und einem kurzen Zwischenaufenthalt in Berlin kommen Effi und Innstetten in Kessin an. Es erwartet sie eine fremde Welt mit exotisch anmutenden Menschen, die Innstetten so schillernd schildert, dass Effi unheimlich zumute wird. Im landrätlichen Haus werden sie vom Personal empfangen. Der Flur des Hauses ist recht exzentrisch dekoriert, was die unheimliche Wirkung steigert.

Effi fühlt sich in Kessin von Anfang an nicht wohl. Wichtige Symbole: Wasser und Sumpf.

Siebtes Kapitel

Gleich am ersten Tag in Kessin wird Effi mit der Prinzipientreue Innstettens konfrontiert: Früh wie eh und je beginnt er seine Arbeit, ohne sich um seine junge Frau zu kümmern. In der Nacht hat Effi aus dem oberen Zimmer, dem alten Saal, Geräusche vernommen, die sie an Tanzpaare erinnerten. Johanna, ihr Mädchen, bestätigt dies, erklärt es aber mit dem Geräusch von über den Boden schleifenden Gardinen bei Zugluft. Innstetten, auf das Geräusch angesprochen, weicht aus und will sich nicht damit befassen.

Innstetten steigert Effis Verunsicherung.

Achtes Kapitel

Die Verunsicherung wächst.

Als Effi das Haus erkundet, bekommt sie auch den Saal zu sehen. Merkwürdig ist dort das Bild eines Chinesen, das an die Lehne eines Stuhls geklebt ist. Wie sich herausstellt, hat Johanna dies getan. Innstetten reagiert überrascht, will aber nach wie vor in dem Zimmer alles beim Alten lassen. Mit Apotheker Gieshübler macht einer der liebenswertesten Kessiner seine Aufwartung; Effi und er verstehen sich auf Anhieb gut.

Neuntes Kapitel

Erste Trennung; verstärktes Gefühl von Einsamkeit bei Effi und Alptraum.

Effi und Innstetten absolvieren ihre Antrittsbesuche in der Stadt und beim Landadel. Besonders die Landadligen machen einen hinterwäldlerischen und politisch rückschrittlichen Eindruck. Innstetten wird zum Fürsten Bismarck gerufen, der in der Gegend weilt. Für die Eheleute bedeutet das die erste Trennung. Einsamkeit und das Gefühl der Verlassenheit nehmen bei Effi zu. Am Abend vor Innstettens Rückkehr hat sie einen schweren Alptraum, den sie auch mit dem Chinesen in Verbindung bringt.

Zehntes Kapitel

Innstetten nimmt Effis Sorgen nicht ernst.

Innstetten, als er von dem Zwischenfall hört, ist entsetzt, weigert sich aber, das Haus zu verkaufen und umzuziehen, wie Effi es wünscht. Den Chinesenspuk verharmlost er weiterhin, er redet ihn sogar schön. Effi beschwert sich ein erstes Mal direkt über die Art und Weise, wie sie behandelt wird, findet jedoch Ablenkung durch eine Einladung Gieshüblers zu einem Liederabend. Innstetten unternimmt zur Versöhnung eine Ausfahrt mit Effi. Dabei kommen sie an der Grabstelle des Chinesen vorbei. Innstetten erzählt dessen Geschichte, was Effi nur noch mehr beunruhigt.

Elftes Kapitel

Angesichts vorbeifahrender Züge offenbaren sich Effis wachsendes Heimweh und ihre Sehnsucht, Kessin zu verlassen. Am Liederabend erscheint die Tochter des verstorbenen Pfarrers von Kessin, Marietta Trippelli. Sie ist eine selbstsichere, freie und ungebundene Person. Sie wird von der Gesellschaft zwar mit Vorbehalten gesehen, was ihr aber anscheinend nichts ausmacht.

Effi möchte Kessin verlassen.

Zwölftes Kapitel

Effi schreibt einen Weihnachtsbrief nach Hause, in dem sie der Mutter ihr Herz ausschüttet: Sie berichtet von ihrer Einsamkeit und vom Spuk. Zugleich teilt sie mit, dass sie ein Kind erwartet und die Zeit nach der Entbindung im Sommer unbedingt in Hohen-Cremmen verbringen möchte.

Effis Brief an die Mutter, Schwangerschaft

Dreizehntes Kapitel

Nach dem Silvesterball folgt für Effi ein langer und langweiliger Winter in Kessin. In einem weiteren Brief an die Mutter erwähnt sie den neuen Landwehrbezirkskommandeur Crampas. Ihm geht ein zweifelhafter Ruf voraus: Frauenheld und Duellant. Von seiner Frau weiß Effi, dass sie schwermütig und eifersüchtig ist. Ein Badegast verstirbt und hinterlässt eine verzweifelte Bedienstete, Roswitha, die Effi während eines Spaziergangs trifft. Effi findet Gefallen an Roswitha und engagiert sie als Kindermädchen.

Effi erwähnt Crampas in einem Brief an die Mutter.

Vierzehntes Kapitel

Innstetten stimmt der Anstellung Roswithas zu. Eine Tochter, von Roswitha sogleich „Lütt Annie" genannt, wird geboren. Während der Tauffeier kommt es zu einem ersten kurzen Flirt zwischen Effi und Crampas.

Geburt der Tochter; erster Flirt zwischen Effi und Crampas.

Fünfzehntes Kapitel

Crampas zeigt seine Spielernatur; Vorausdeutung auf seinen Tod.

Die Tage in Hohen-Cremmen sind ein Genuss für Effi. Bei einem Spaziergang spricht sie mit ihrem Vater über ihr Befinden in Kessin, jedoch werden die eigentlichen Probleme zugedeckt. Bei der Rückkehr nach Kessin gibt sich Innstetten betont locker, zwischen den beiden kommt erstmals so etwas wie Liebe und Zärtlichkeit auf. Während eines gemeinsamen Frühstücks auf der Veranda erscheint Crampas. Halb im Scherz, halb ernsthaft kommt er auf die von ihm favorisierte Todesart zu sprechen; er möchte einen heldenhaften Soldatentod sterben. Bald übernehmen Effi und Crampas allein das Gespräch und unterhalten sich angeregt.

Filmszene aus „Effi Briest" (BRD 2008) Effi und Crampas am Strand © Cinetext/ Constantin Film

Sechzehntes Kapitel

Crampas' Besuche werden regelmäßig. Im Anschluss an ein gemeinsames Frühstück reiten Innstetten und er regelmäßig aus. Effi nimmt später auf eigenen Wunsch an diesen Ausritten teil. Dabei kommt es zu verschiedenen Gesprächen, die die Verschiedenheit von Innstetten und Crampas zeigen. Effi pflichtet Crampas hingegen oft bei. Später, als Innstetten wegen der Teilnahme am Wahlkampf verhindert ist, reiten Crampas und Effi allein aus. Dabei berichtet er einmal von Innstettens Hang zum Mystischen, den er für seine Karriere eingesetzt habe. Außerdem verwende er den Spuk als Erziehungsmittel. Als sie auf dem Rückweg am Chinesengrab vorbeikommen, verspürt Effi keine Furcht mehr.

Weitere Annäherung zwischen Effi und Crampas

Siebzehntes Kapitel

Effi ist von Innstetten enttäuscht, wiegelt aber selbst ab. Ein weiterer Ausritt mit Crampas folgt, in dessen Verlauf er sich an Effi annähert. Sie hat seinen Charakter durchschaut, versucht sich auch zu wehren, ist innerlich aber bereits verloren.

Enttäuschung Effis über Innstetten

Achtzehntes Kapitel

In der folgenden Zeit gibt sich Effi Crampas gegenüber eher distanziert, ist aber begeistert, als sie auf Initiative Gieshüblers in einem von Crampas inszenierten Theaterstück mitspielen kann. Innstetten scheint keine Bedenken zu haben. Darüber hinaus hat er für den 27. Dezember eine Weihnachtsfeier mit Crampas, Gieshübler und einigen anderen Adligen in der Oberförsterei arrangiert.

Effi weiß, dass sie aus eigener Kraft Crampas nicht widerstehen kann.

Neunzehntes Kapitel

Das Fest verläuft mit Ausnahme einiger Peinlichkeiten Sidonie von Grasenabbs harmonisch. Bei der Rückfahrt kommt es jedoch zu Pannen. Zunächst fällt der Schlitten Gieshüblers aus, dann ge-

Crampas ist am Ziel.

raten sie in den Schloon, eine Art Morast, der mit Schlitten nicht zu durchfahren ist. Bei der Überquerung ergibt es sich, dass Crampas allein mit Effi im Wagen sitzt; Innstetten hat einen anderen Schlitten übernommen. Effi erkennt die Gefahr, weicht ihr aber nicht aus. Crampas küsst sie leidenschaftlich.

Zwanzigstes Kapitel

Effi nimmt Crampas in Schutz.

Innstetten ist nach der Schlittenfahrt misstrauisch und schlecht gestimmt. Effi verteidigt Crampas' Anwesenheit im Schlitten. Beim Silvesterball verrät sie sich beinahe gegenüber der Ritterschaftsrätin von Padden, die ihrerseits ein realistisches Bild von Crampas hat. Die Möglichkeit, dass Kessin Garnisonsstadt wird, versetzt Effi zeitweise in Euphorie, doch beginnt sie zu kränkeln.

Einundzwanzigstes Kapitel

Roswitha als Spiegel von Effis Schicksal

Seelen- und Gesundheitszustand Effis verschlechtern sich. Ihr werden Spaziergänge und frische Luft verordnet. Sie warnt Roswitha vor einem Verhältnis mit dem Kutscher Kruse. Dabei erfährt sie von Roswithas Schicksal, die wegen eines unehelichen Kindes aus ihrer Familie verstoßen und der das Kind weggenommen wurde. Innstetten kehrt aus Berlin heim mit der Nachricht, er sei dort zum Ministerialrat ernannt worden. Effis überhitzte Reaktion darauf weckt sein Misstrauen.

Zweiundzwanzigstes Kapitel

Abschied aus Kessin und von Crampas

Innstettens Missstimmung geht vorüber, beide planen die Wohnungssuche. Effis Mutter, gerade zur ärztlichen Behandlung in Berlin, bietet ihre Mithilfe bei Wohnungssuche und Einrichtung an. Man kommt überein, dass Effi mit Annie nach Berlin fährt. Sie hat nicht die Absicht, noch einmal nach Kessin zurückzukehren. Bewegt verabschiedet sie sich von Gieshübler. In einem Abschiedsbrief an Crampas entschuldigt sie dessen Verhalten, klagt sich aber selbst an.

Dreiundzwanzigstes Kapitel

Effi kehrt nicht mehr nach Kessin zurück.

In Berlin trifft Effi auf ihre Mutter und ihren Vetter Dagobert. Man versteht und unterhält sich gut. Eine Wohnung in der Keithstraße, nahe beim Tiergarten, wird angemietet. Um ihre Rückreise nach Kessin zu vermeiden, täuscht sie eine Krankheit vor, was vom behandelnden Arzt Dr. Rummschüttel auch gedeckt wird.

Filmszene aus „Effi Briest“ (BRD 2008) © Cinetext/ Constantin Film

Vierundzwanzigstes Kapitel

Gemeinsamer Urlaub

Innstetten trifft in Berlin ein und ist mit Wahl und Einrichtung der Wohnung zufrieden. Im Herbst machen sie eine Urlaubsreise nach Rügen. Nach anfänglich ungetrübter Stimmung stößt Effi auf ein Dorf namens Crampas. Nur aus diesem Grund, den sie Innstetten nicht nennt, will sie mit ihm die Insel verlassen. Innstetten willigt ein. Sie verbringen glückliche Tage in Kopenhagen. Abschließend bleibt sie noch eine Woche in Hohen-Cremmen, wo sich die Eltern nach wie vor Gedanken über ihr eheliches Glück machen. Es scheint aber, als sei alles auf gutem Wege. Effi allein ist sich zwar ihrer Schuld bewusst, verspürt aber kein schlechtes Gewissen.

Fünfundzwanzigstes Kapitel

Etablierung in der Berliner Gesellschaft

Wieder in Berlin, nehmen Innstetten und Effi stärkeren Anteil am gesellschaftlichen Leben. Nach inzwischen sechs Jahren haben sie sich erfolgreich etabliert; Effi ist selbst beim Kaiser bekannt. Die Erinnerung an die Vergangenheit verblasst. Einzige Sorge, wenn auch nicht für Effi, ist das Ausbleiben eines Sohnes. Auf Empfehlung Dr. Rummschüttels wird sie zur Kur, zunächst nach Schwalbach, dann nach Ems, geschickt.

Sechsundzwanzigstes Kapitel

Die Briefe werden zufällig gefunden.

Annie verletzt sich leicht bei einem Sturz. Roswitha, als sie im Nähtisch nach einem Verband sucht, findet unter anderem ein Bündel Briefe, was auch Innstetten sieht.

Siebenundzwanzigstes Kapitel

Innstettens Motive für ein Duell mit Crampas

Nachdem Annie versorgt ist, lässt sich Innstetten noch einmal die Briefe geben. Er erkennt vage die Handschrift, identifiziert sie schließlich als die von Crampas. Es handelt sich um an Effi gerichtete Liebesbriefe. Innstetten bittet seinen Kollegen Wüllersdorf,

Crampas die Forderung zum Duell zu überbringen und ihm, Innstetten, zu sekundieren. Die beiden sprechen vertieft über Sinn und Notwendigkeit eines Duells. Innstetten verspürt kein Rachebedürfnis und erkennt den zeitlichen Abstand an. Er liebt Effi nach wie vor. Er fühlt sich aber durch die gesellschaftliche Konvention und die Mitwisserschaft Wüllersdorfs zum Duell gezwungen. Dieser stimmt letztlich doch zu.

Achtundzwanzigstes Kapitel

Innstetten tötet Crampas im Duell.

In Kessin treffen Innstetten und Wüllersdorf wieder aufeinander. Crampas hat die Forderung nach erstem Erschrecken mit einer Mischung aus Gleichmut und Anstand aufgenommen. Noch einmal gibt Wüllersdorf zu bedenken, dass das Duell nicht glattgehen könne, doch gibt es jetzt kein Zurück mehr. Im Duell stirbt Crampas; er möchte Innstetten noch etwas sagen, aber es kommt nicht mehr dazu.

Neunundzwanzigstes Kapitel

Innstettens Selbstzweifel

Innstetten wird in Berlin von starken Selbstzweifeln geplagt. Er weiß, dass seine Entscheidung falsch war. Seitens des Ministeriums ist man mit seinem Handeln einverstanden. Gieshübler jedoch hat bestürzt reagiert, als er von dem Fall gehört hat. Er denkt vor allem an das Schicksal Effis.

Dreißigstes Kapitel

Effi erfährt die Nachricht während der Kur.

Effi verbringt mit der Geheimrätin Zwicker, einer ebenso neugierigen wie lebenserfahrenen Frau, die Kur in Bad Ems. Von der Mutter trifft ein Brief ein, verbunden mit einer Geldsendung. Nachdem sie die ersten Zeilen gelesen hat, bricht Effi auf ihrem Zimmer zusammen.

Einunddreißigstes Kapitel

Effi wird von der Familie verstoßen.

Die Mutter teilt Effi mit, dass sie zwar die materielle Unterstützung der Eltern habe, ihre Welt in Berlin und ihr Elternhaus ihr aber verschlossen bleiben würden. Effi, nunmehr eine aus der Gesellschaft und ihrer Familie Ausgestoßene, bricht die Kur ab.

Zweiunddreißigstes Kapitel

Effis Leben: allein in Berlin

Effi lebt inzwischen seit drei Jahren allein in Berlin, kränkelt häufiger, ist aber bei dem alten Dr. Rummschüttel in Behandlung. Sie bewohnt eine kleine, aber ansprechend eingerichtete Wohnung. Gesellschaftlich ist sie isoliert, findet aber Trost in der Malerei, in der sie sich versucht. Zufällig sieht sie Annie auf der Pferdebahn, spricht sie aber nicht an, sondern flüchtet vor dem eigenen Kind. Mittels der Fürsprache der Frau eines Ministers, der sie noch bekannt ist, möchte sie ein Wiedersehen mit Annie erreichen.

Dreiunddreißigstes Kapitel

Enttäuschendes Wiedersehen mit der Tochter

Annie besucht sie tatsächlich, aber das Treffen erweist sich als Enttäuschung. Die Tochter begegnet ihrer Mutter formal, steif und ‚dressiert'. Effi schickt sie wieder fort. Ihre Gefühle und ihre Verzweiflung brechen aus ihr heraus. Dabei steht sie auch zu ihrer Tat, verurteilt Innstetten direkt und bekundet Hass ihm gegenüber.

Vierunddreißigstes Kapitel

Rückkehr Effis nach Hohen-Cremmen

Nach dem Zwischenfall verschlechtert sich Effis Gesundheitszustand zusehends. Auf Intervention Rummschüttels darf sie, nach einigen Überlegungen der Eltern, nach Hohen-Cremmen zurückkehren. Dort geht es ihr seelisch bald besser, nicht aber physisch. In einem Gespräch mit Pastor Niemeyer deutet sie Vorahnungen ihres Todes an.

Fünfunddreißigstes Kapitel

Innstettens Einsicht

Nach einer Erkältung verschlechtert sich ihr Gesundheitszustand weiter. Eine vom Arzt empfohlene Reise in die Schweiz oder an die Riviera lehnt sie ab. Allmählich tritt doch Besserung ein. Innstetten, inzwischen zum Ministerialdirektor befördert, steht seinen Prinzipien und seinem Lebensweg ablehnend gegenüber. Er kann sich an keinem Erfolg mehr freuen und würde am liebsten nach Afrika gehen, um Abstand zu gewinnen. Wüllersdorf gibt sich abgeklärter: Es gelte, das normale Leben mit seinen kleinen Freuden und den Leiden zu leben und zu akzeptieren. Roswitha, die bei Effi geblieben ist, bittet Innstetten in einem Brief, den Hund Rollo zu Effis Trost nach Hohen-Cremmen zu geben. Innstetten und Wüllersdorf erkennen die menschliche Größe der einfachen Frau.

Sechsunddreißigstes Kapitel

Effis Versöhnung und Tod

Effis letzter Sommer ist sehr schön; abgesehen von der Krankheit ist sie glücklich. In einer sternklaren Nacht erkältet sie sich erneut sehr schwer. In einem letzten Gespräch mit der Mutter zeigt sie sich mit Innstetten versöhnt und gibt ihm in allen Dingen recht. Sie stirbt und wird im Hof des Gutshauses am Platz der Sonnenuhr begraben.

3.3 Aufbau

FUNKTION	KAP. NR.	ANZAHL KAPITEL	INHALT	ORT
Exposition	1–5	5	Effis Leben im Elternhaus; ihr unbeschwerter Charakter, Gegensatz Effi – Innstetten	Hohen-Cremmen
Ansteigen der Handlung (erregendes Moment)	6–14	9	Wachsende Gegensätze zwischen Effi und Innstetten; Langeweile	Kessin
Höhepunkt	15–22	8	Annäherung Crampas, Ehebruch, Übertretung der gesellschaftlichen Normen	Kessin
Abfallende Handlung (Retardation), Katastrophe	23–31	9	Scheinbare, langsame Entspannung; Aufdeckung; Duell; Ausschluss aus der Gesellschaft	Berlin (+ Kessin)
Ausklang	32–36	5	Einsichten Effis und Innstettens; Sühne und Vergebung	Berlin, Hohen-Cremmen

Symmetrischer Aufbau

Effi Briest ist – bis in die Kapitelanzahl hinein – symmetrisch aufgebaut, wie es für einen Roman eher untypisch ist. Der Aufbau entspricht in etwa dem der geschlossenen Form des Dramas. Die einzelnen Abschnitte – Exposition, Ansteigen der Handlung (erregendes Moment), Höhepunkt, Abfallen der Handlung (Retardation), Katastrophe und Ausklang – sind klar eingrenzbar. Neben dem Inhalt ist der Raum ein Gliederungsprinzip, das sich den inhaltlichen Abschnitten anpasst.

Dieser Aufbau bewirkt Folgendes:

Funktionen des Aufbaus

- → Die Handlung erscheint logisch und nachvollziehbar.
- → Spannung, die aufgrund der vielen Gespräche im Roman manchmal vermisst wird, wird durch klare Handlungsführung erzielt.
- → Indem klar voneinander unterscheidbare, inhaltliche Abschnitte vorliegen, können die Figuren deutlicher konturiert werden: Sie können je nach Etappe in ihrem Denken und Handeln mit anderen Abschnitten der Handlung verglichen werden.
- → Die parabel- bzw. kreisförmige Struktur entspricht realistischer Lebensphilosophie, die zwischen einem linearen Fortschrittsdenken und einer Vorstellung von Abgründigkeit steht.

Der symmetrische Aufbau hat damit nicht nur eine ästhetische, sondern auch eine inhaltliche Funktion.

3.4 Personenkonstellation und Charakteristiken

ZUSAMMEN-FASSUNG

In *Effi Briest* tritt eine begrenzte Anzahl Personen auf. Sie gehören dem preußischen Adel bzw. dem gehobenen Bürgertum an. Lediglich das Dienstpersonal stammt aus einfacheren Verhältnissen.

Fünf Hauptpersonen behandeln wir ausführlich: Die Familie Briest (Eltern und Kind), Angehörige des Adels aus der Mark Brandenburg; Geert von Innstetten, Effis Mann; Major Crampas, Angehöriger des Soldatenstandes und Effis Verführer. Anschließend geht es um einige wichtige Nebenfiguren.

Effi Briest:
→ aus brandenburgischem Adel stammend
→ unbeschwert, kindlich
→ unkonventionell

Geert von Innstetten:
→ prinzipientreu
→ ambitioniert
→ steif, konservativ
→ rational denkend

Major Crampas:
→ Frauenheld
→ unterhaltsam

Vater Briest:
→ lebenserfahren
→ humorvoll
→ gute Menschenkenntnis

Mutter Briest:
→ ambitioniert
→ prinzipientreu

Effi Briest

Effi ist das einzige Kind des märkischen Gutsbesitzers von Briest und seiner Frau Luise, geb. von Belling. Die Familie gehört zwar nicht zum Hochadel, doch ist man stolz auf seinen alten Namen (vgl. HL S. 21/R S. 27). Effi wächst bei ihren Eltern in Hohen-Cremmen auf und erlebt eine unbeschwerte Kindheit und Jugend. Von Beginn an erscheint sie wagemutig bis leichtsinnig, die Gefahr und Herausforderung durchaus suchend. Sie wirkt eher wie ein Junge, sowohl hinsichtlich Vorlieben (vgl. HL S. 11f./R S.14) als auch hinsichtlich ihrer Kleidung: Am liebsten trägt sie ein kittelähnliches Kleid.

Mit ihren Eltern verbindet sie ein herzliches Verhältnis. Die Mutter ist ihre Vertrauensperson, der sie stets bereit ist, ihr Herz auszuschütten. Doch auch mit dem Vater, dem sie in ihrer eher unkonventionellen Art nachschlägt, verbindet sie ein gutes Verhältnis.

Im Kontrast zu ihrem wilden, jungenhaften Wesen steht ihr Wunsch nach gesellschaftlicher Stellung und Reichtum. Das bezieht sich einerseits vermutlich auf ihre materielle Situation: Sie liebt einen gewissen Luxus, wie sich bei der Beschaffung der Aus-

Wunsch nach gesellschaftlicher Stellung

steuer und der Einrichtung ihrer Wohnung zeigt (vgl. HL S. 18f./R S. 22). Innstetten scheint ihr näherzustehen als ihr Vetter Dagobert, ein Soldat, der sie prächtig zu unterhalten versteht, aber weder Besitz noch gesellschaftlichen Rang vorzuweisen hat. Hier scheint sie denselben Weg zu gehen wie ihre Mutter. Auch für ihr Kind erscheint ihr später die Aussicht auf einen reichen Schwiegersohn verlockend. Stärker noch bezieht sich dieser Wunsch auf gesellschaftliches Leben und Abwechslung. Langeweile ist das schlimmste, was es für Effi Briest gibt.

Dem Wunsch nach gesellschaftlicher Stellung kommt die frühe und sehr rasch von den Eltern, vor allem der Mutter, eingefädelte Hochzeit mit Geert von Innstetten entgegen. Als Landrat, wenngleich in Hinterpommern, ist er eine „gute Partie"; noch mehr gilt das für seine spätere Stellung in Berlin.

Dennoch wirkt Effi von der Hochzeit nicht voll überzeugt (vgl. HL S. 26ff./R S. 35f.), was auf ein genaues eigenes Urteilsvermögen schließen lässt. Dass sie aber doch widerspruchslos einwilligt und den einstigen Verehrer ihrer Mutter heiratet, zeigt, dass sie ihre Rolle als wohlerzogene Tochter, die den Wünschen der Eltern entspricht, akzeptiert und ausfüllt. Diese Rolle wird sie über die gesamte Romanhandlung hinweg ausfüllen. An keiner Stelle widerspricht sie den Entscheidungen und Meinungen der Eltern, niemals macht sie ihnen Vorwürfe.

Ehe als Rolle

In ihrer Ehe ist sie einerseits bemüht, die ihr zugedachte Rolle auszufüllen. Andererseits kann sie die Gefühle von Sehnsucht, Heimweh und Langeweile nicht unterdrücken (vgl. HL S. 83/R S. 112). Die Gründe dafür sind unterschiedlicher Natur. Einerseits ist Innstetten ein Mann, den Effi achten und schätzen, nicht aber lieben kann (vgl. HL S. 86/R S. 114). Andererseits bietet Kessin in Hinterpommern ihr nicht das Maß an Abwechslung, das sie benötigt, um glücklich zu sein. Zwar bemüht sie sich zunächst, die ihrer gesellschaftlichen Stellung zukommenden Aufgaben zu erfüllen: Sie macht Antrittsbesuche beim alten Adel in der Umgebung mit, obwohl sie sich dabei langweilt und die Ansichten der Adligen auf sie eher abschreckend wirken.

Worüber Effi hingegen nur begrenzt verfügt, ist Selbstdisziplin. So wie sie sofort nach der Verlobung wieder zu ihren Freundinnen läuft und sich dem Spiel widmet, so lässt sie sich nach einigem Zögern auch von Major Crampas verführen, als ihr das Leben in Kessin zu langweilig und unheimlich wird.

Fantasie und kindliches Wesen

Ein weiterer Charakterzug, der eine wichtige Rolle im Buch spielt, ist ihre Fantasiebegabtheit. Sie macht einen wichtigen Teil ihres kindlich-unbeschwerten Wesens aus (vgl. HL S. 11/R S. 13). In Kessin aber wirkt sich diese Anlage verhängnisvoll aus, indem sie zum Opfer des „Chinesenspuks" wird, einer Mischung aus Aberglaube und kalkulierter „Erziehungsmaßnahme" Innstettens. Erst Crampas kann sie von diesem Spuk befreien, was sie ihm zusätzlich in die Arme treibt. Bedingung dafür ist aber auch eine gewisse Verführbarkeit. Effi ist nicht naiv, sie weiß um diese Eigenschaft (vgl. HL S. 127f./R S. 169), gibt sich ihr aber hin.

Ihre Einstellung zum eigenen Verhalten ist zwiespältig. Der Folgen ihres Handelns ist sie sich bewusst. Während ihres Verhältnisses mit Crampas verteidigt sie diesen bewusst und offensiv gegenüber Innstettens Misstrauen (vgl. HL S. 137f./R S. 182). Andererseits hat sie ein schlechtes Gewissen Innstetten gegenüber. Dass dieses schlechte Gewissen echt ist und nicht nur der Angst um den Verlust der Familie und der gesellschaftlichen Position entspringt, zeigt der lange Zeitraum, den sie benötigt, um die Vergangenheit abzuschütteln. Erst nach gut sechs Jahren beginnt die Belastung allmählich zu weichen.

Poster zum Film „Effi Briest" (BRD 2008) © Cinetext/ Constantin Film

In Berlin ist sie scheinbar am Ziel ihrer Wünsche. Ihr Mann bekleidet eine Stellung von Rang im Ministerium, sie bewohnen eine repräsentative Wohnung, Effi genießt das Berliner Leben und findet Einlass in höchste gesellschaftliche Kreise (vgl. HL S. 187f./ R S. 249f.). Umso größer ist der Fall, den sie nach Aufdeckung der Affäre erlebt: Sie darf aus der Kur weder in ihre Wohnung noch zu ihrer Familie zurückkehren und muss sich zunächst in einem Pensionat für „höhere Töchter" einmieten. Dass sie es dort nicht aushält, zeigt ihren nach wie vor vorhandenen Wunsch nach Freiheit und danach, sich über allzu starre Konventionen hinwegzusetzen. Schließlich mietet sie eine kleine Wohnung in der Königgrätzer Straße, nahe der Stadtmitte.

Berlin

Wesentliche Charakterzüge bleiben vom gesellschaftlichen Fall, den sie in Berlin erlebt, unberührt. Sie ist nach wie vor ein Mensch von gutem Geschmack (vgl. HL S. 224/R S. 298f.), durchaus fähig, auf sich selbst gestellt zu leben. Die größte Strafe ist der Ausschluss vom gesellschaftlichen Leben, nicht einmal karitativ kann sie sich betätigen. Dass sie dieses als so große Strafe empfindet, lässt auf ihre große Sehnsucht nach Leben schließen. Ihre Fantasie setzt sie in der Malerei um, eine stille Beschäftigung, die den veränderten Lebensumständen entspricht. Dass sie kein Mensch der Bücher ist, und, wenn überhaupt, Abenteuerlektüre bevorzugt, unterstreicht ihr spontanes, langen gedanklichen Erwägungen gegenüber eher abgeneigtes Wesen. Insgesamt trägt sie ihr Schicksal mit Würde und der Einsicht, dass ein Aufbäumen dagegen zwecklos wäre. Nur an einer Stelle durchbricht sie dieses Verhalten. Als sie nach drei Jahren erstmals ihr Kind sehen darf, Annie aber nur stereotyp antwortet und kühl erscheint, bricht Effis Verzweiflung aus ihr heraus; sie verflucht Innstetten als den dafür Verantwortlichen.

Akzeptieren gesellschaftlicher Konventionen

Die harte Reaktion ihrer Eltern, sie nach dem Ehebruch nicht wieder in Hohen-Cremmen aufzunehmen, erträgt sie, was nochmals darauf hinweist, dass sie die gesellschaftlichen Konventionen kennt und akzeptiert. Nur auf Initiative ihres Arztes Dr. Rummschüttel kommt sie am Ende nach Hohen-Cremmen zurück.

Dort zeigt sie einen neuen Charakterzug, der mit ihrer gesundheitlichen und seelischen Verfassung zusammenhängt: Demut. Sie kann die Tage in Hohen-Cremmen genießen, fast erscheinen sie ihr als die glücklichsten ihres Lebens (vgl. HL S. 249/R S. 331). Sie erlebt sie voll Dankbarkeit gegen ihre Eltern. Zur Demut gehört auch der Wunsch, sich mit Innstetten versöhnt zu wissen. Durch die Mutter lässt sie ihn wissen, dass er in allem Recht gehabt und getan habe. Ob dahinter eine tatsächliche Einsicht steckt, die den Großteil der Romanhandlung widerlegen würde, oder der bloße Wunsch, im Frieden mit sich und ihrer Umwelt zu sterben, bleibt offen.

Geert von Innstetten

Altersunterschied zu Effi

Schon die Art und Weise, wie Innstetten in die Romanhandlung eingeführt wird, weist auf Spannungen hin: „Innstetten sagtest du? Und Geert? So heißt doch hier kein Mensch." (HL S. 9/R S. 10) Geert von Innstetten ist zu Beginn der Handlung 38 Jahre alt, also über 20 Jahre älter als Effi. Jedoch wird dieser Altersunterschied kaum kritisch hinterfragt – er scheint sich also noch in den Grenzen der gesellschaftlichen Konvention zu halten. Mit seinem Alter dürfte er aber durchaus als alter Junggeselle gelten.

Innstetten war früher an einer Verbindung mit Luise von Belling, Effis Mutter, interessiert, die sich jedoch für eine gesicherte Existenz mit Briest entschieden hat. Dass Innstetten jetzt um die Hand der Tochter anhält, weist ihn als nicht sonderlich einfallsreich und flexibel aus: Vielleicht will er sich mit der Heirat Effis seinen alten Jugendwunsch erfüllen. Ihre Jugendlichkeit kommt sicher seinem Hang, ein Erzieher zu sein, entgegen.

Karriere

Von Beruf ist er Landrat, bekleidet also eine verhältnismäßig hohe und verantwortliche Stellung. Jedoch will er höher hinaus, was ihm auch gelingt. Er wird später Ministerialrat, am Schluss ist er Ministerialdirektor. Die berufliche Laufbahn scheint für ihn von großer Bedeutung zu sein. So bezichtigt ihn Crampas, schon in frühen Tagen mit Spukandeutungen sich um der Karriere willen interessant gemacht zu haben. Seinen Beruf füllt Innstetten verantwortungsvoll aus, er hat Vorrang gegenüber der Familie. So gibt es mehrere Situationen, in denen er Effi allein lässt, weil er berufliche oder für die Karriere wichtige Verpflichtungen hat (Besuche bei Fürst Bismarck, Wahlkampf, Anwesenheit am Ort eines Brandes).

Sich selbst schätzt er durchaus realistisch ein. So macht er Andeutungen, vielleicht nicht der Richtige für Effi zu sein. Von Beginn an erscheint er als Mann fester Prinzipien und steht damit in einem Gegensatz zur leichtsinnigen und eben nicht prinzipientreuen Effi. Reisen unternimmt er der Bildung wegen, feste moralische Vorstellungen prägen sein Menschen- und Weltbild. Zugleich weiß er um das Überkommene zahlreicher Konventionen. Über den Altadel in der Umgebung Kessins, dem er pflichtgemäße Besuche abstattet, kann er sich ebenso belustigen wie Effi (vgl. HL S. 56f./ R S. 74). Zu den etwas engstirnigen und kleinkarierten Menschen in Kessin hat er eine ähnliche Einstellung. So erscheint er in dieser Hinsicht widersprüchlich. Bei der Erkenntnis um den überholten Charakter vieler Konventionen besitzt er doch nicht die Kraft und den Willen, sich über diese hinwegzusetzen (vgl. HL S. 198f./ R S. 265f.). Das macht für ihn später das Duell unvermeidbar.

Vorliebe für Mystisches

Was nicht recht zu Innstetten passt, ist seine scheinbare Vorliebe für Mystisches und Spuk. Schon zur Soldatenzeit ist er dadurch aufgefallen. Den „Chinesenspuk“ im Kessiner Haus, unter dem Effi sichtlich leidet, spielt er beständig herunter, ohne ihn durch Renovierung und andere Nutzung des Saales abzustellen, was durchaus möglich wäre. Ob er Effi damit „erziehen" will, wie Crampas behauptet, ist nicht sicher, aber dass er sie mit dem Spuk in Schach hält, kann angenommen werden. Damit erweist er sich seiner jungen Frau gegenüber als unsicher und rücksichtslos zugleich. Noch in Berlin, wo sich sein Verhalten insgesamt durchaus ändert, behält er den Spuk „in der Hinterhand" (vgl. HL S. 175/R S. 233).

Eine Entwicklung durchläuft Innstetten in mehrerer Hinsicht. In Berlin, anscheinend am Ziel seiner beruflichen Wünsche, beginnt er sich stärker um Effi zu bemühen und verhält sich rücksichtsvoller. Am Ende der Romanhandlung sieht er auch das Verhängnisvolle und Vergebliche seiner Handlungsweise und der ihnen zugrunde liegenden Prinzipien ein.

Das Duell als Wendepunkt in seinem Leben

Das Duell mit Crampas ist ein Wendepunkt in Innstettens Leben. Hier spürt er vielleicht zum ersten Mal die Differenz zwischen Gefühlen und seinen Grundsätzen sowie seine Ohnmacht ihnen gegenüber. Das Duell mit dem Liebhaber seiner Frau meint er durchführen zu müssen, weil es das „tyrannisierende Gesellschafts-Etwas" (HL S.199/R S. 265) befiehlt. Von dem Moment an, wo er Mitwisser hat, glaubt er sein eigenes Handeln nicht mehr selbst bestimmen zu können (vgl. HL S. 200/R S. 265f.). Er scheint, wie auch seine Erziehungsversuche zeigen, kein besonders selbstbewusster Mensch zu sein; die Prinzipien ersetzen ihm eigenes Überlegen und den Mut zu ungewöhnlichen Schritten. Dass er mit dem Duell sein eigenes Lebensglück zerstört, wird ihm am Ende aber bewusst. Dass er darauf mit dem Wunsch reagiert, nach Afrika zu gehen, zeigt aber, dass er in kritischen Situationen kaum bestehen, sondern nur noch vor ihnen fliehen kann.

In einem Brief vom 27.10.1895 schreibt Fontane: „Ja Effi! Alle Leute sympathisieren mit ihr, und einige gehen so weit, im Gegensatz dazu den Mann als einen ‚alten Ekel' zu bezeichnen. Das amüsiert mich natürlich, weil es wieder beweist, wie wenig den Menschen an der sogenannten ‚Moral' liegt und wie die liebenswürdigen Naturen dem Menschenherzen sympathischer sind. (...) Eigentlich ist er [= Innstetten] doch in jedem Anbetracht ein ganz ausgezeichnetes Menschenexemplar, dem es an dem, was man lieben muss, durchaus nicht fehlt. Aber seltsam, alle korrekten Leute werden bloß um ihrer Korrektheit willen mit Misstrauen, oft mit Abneigung betrachtet."

Fontanes Ansicht sollte nicht als Rechtfertigung von Innstettens Verhalten gedeutet werden. Vielmehr weist es auf die Zwiespältigkeit Innstettens hin. Er handelt, sieht man vom Spuk ab, nicht aus persönlichen Motiven, sondern aus Pflichtgefühl und Mangel an Mut. Damit steht er der abschließenden versöhnlichen Haltung Effis zum Trotz in einem unübersehbaren Gegensatz zu seiner jungen Frau.

Effi Briests Eltern

Herr und Frau von Briest leben als Gutsbesitzer in Hohen-Cremmen in der Mark Brandenburg. Sie besitzen zwar kein herrschaftliches, aber ein schönes Anwesen, wie der Romanbeginn zeigt. Für Effi sind Mutter und Vater von großer Bedeutung, auch wenn sie im Konflikt unterschiedliche Haltungen einnehmen.

Mutter

Die Mutter ist – auch das entspricht dem traditionellen Rollenbild – in Angelegenheiten der Familie und der Konvention die treibende Kraft. Sie fädelt die Heirat Effis mit Innstetten ein. Über ihre Motive wird dabei wenig gesagt. Vielleicht erfüllt sie sich einen Jugendtraum, den sie sich selbst versagt hatte, als sie zugunsten Briests auf Innstetten verzichtete. Vielleicht liegt ihr auch die gesellschaftliche Stellung und die Absicherung Effis am Herzen. Bedenken gegen die Verbindung von Effi und Innstetten verdrängt sie erfolgreich (vgl. HL S. 30ff./R S. 41f.), sodass es fast den Anschein hat, als läge ihr mehr an der Heirat als Effi. Für Effi selbst ist die Mutter die wichtigste Vertrauensperson.

Dass sie auf ihre gesellschaftliche Stellung bedacht ist, zeigt die harte Reaktion auf Effis Ehebruch. Zwar unterstützen die Eltern Effi finanziell, doch bleibt ihr das Elternhaus versagt. Auch diese Maßnahme wird mit der gesellschaftlichen Konvention begründet, doch lässt Luise Briests Brief an Effi keinen Ton des Bedauerns erkennen (vgl. HL S. 215f./R S. 286f.). Dass es der Mutter anscheinend nicht schwerfällt, sich von ihrer Tochter loszusagen, muss für Effi die eigentliche Katastrophe ausmachen.

Dass Effi schließlich, als sie krank ist, doch noch nach Hohen-Cremmen kommen kann, verdankt sie der Initiative Dr. Rummschüttels und der entschiedenen Meinung des Vaters. Zwar ist die Mutter einverstanden, betont auch noch einmal ihre Liebe zur Tochter, doch äußert sie zugleich Bedenken.

Vater

Vater von Briest ist ein jovialer Mittfünfziger. Er wirkt in seinen Gesprächen abgeklärt, teilnahmsvoll und besitzt einen trockenen Humor. Er verfügt über eine realistische Sicht der Dinge: So reflektiert er den großen Altersunterschied zwischen Effi und Innstetten sowie ihre grundsätzliche charakterliche Verschiedenheit, ohne dabei einseitig Partei für seine Tochter zu ergreifen. Die eingehenden Gespräche über Effi und ihre Situation werden oft von ihm angestoßen, was auf seine teilnehmende Art schließen lässt. Allerdings bleiben gewonnene Einsichten weitgehend folgenlos; grundsätzliche Fragen werden von Briest gern mit dem Hinweis auf das „weite Feld“ beendet. Das zeigt einerseits die Einsicht in die eigenen Grenzen und stellt somit auch eine gewisse Form von Weisheit dar; andererseits könnte die Ausflucht in die Redensart aber auch als Bequemlichkeit ausgelegt werden. Vielleicht mag sich Briest nicht mit seiner Frau auseinandersetzen, vielleicht scheut er die Konsequenzen in gesellschaftlicher Hinsicht.

In Bezug auf die Gesellschaft erscheint er aber überraschend illusionslos. Er scheint sich nicht viel aus dem Gerede der Leute zu machen und kann es sich leisten, auch öffentlich mit lockeren, unkonventionellen Redensarten aufzutreten, die seine Frau zum Widerspruch reizen (vgl. HL S. 29/R S. 38f.). Über die Menschen und das Leben im Allgemeinen hat er illusionslose Ansichten; so weiß er, dass die Treue von Tieren beständiger ist als die Zuneigung der Menschen. Wüllersdorffs Grundsatz „Einfach hierbleiben und Resignation üben" (HL S. 244/R S. 324) trifft auch auf Briest zu, wobei mit Resignation nicht Niedergeschlagenheit, sondern das Sich-Fügen in die Dinge, wie sie sind, gemeint ist. Es ist eine heitere, wissende Resignation.

Ein Mensch ohne Illusionen

Erst am Schluss kann er sich mit dem Entschluss, Effi heimzuholen, durchsetzen. Die selbstkritische Frage seiner Frau: „Ob *wir* nicht doch vielleicht schuld sind?" (HL S. 250/R S. 333) kann er zunächst scheinbar souverän als „Unsinn" (HL S. 250/R S. 333) abtun. Wenn er die Antwort darauf jedoch als „ein *zu* weites Feld" (HL S. 250/R S. 333) ansieht, zeugt dies aber dennoch von Selbstzweifeln. Sein abschließendes Ausweichen kann verstanden werden als Versuch, unlösbare Fragen als solche zu verstehen, zu belassen und nicht noch mehr Wunden aufzureißen.

Major Crampas

Crampas, von Beruf Landwehrbezirkskommandeur, ist der ranghöchste Soldat in Kessin, das über keine eigene Garnison verfügt. Als solcher besitzt er in einer Gesellschaft, in der Militär und Soldatentum eine zentrale Rolle spielen, ein vergleichsweise hohes Ansehen. Innstetten kennt er aus der gemeinsam verbrachten Kriegszeit 1870/71 in Frankreich. Noch bevor er nach Kessin kommt, geht ihm der Ruf eines Frauenhelden voraus (vgl. HL S. 88/R S.117). Als ein Motiv dafür wird die Ehe mit seiner schwermütigen Frau angegeben.

Soldat und Frauenheld

Crampas geht bei seinem Vorhaben, Effi zu erobern, nahezu planmäßig vor. Zunächst frühstückt er mit dem Ehepaar Innstetten, dann folgen Ausritte zu dritt, später, weil Innstetten verhindert ist, zu zweit. Schließlich nutzt er die Gunst des Augenblicks: Auf der Rückfahrt von einer Weihnachtsfeier, als er nach einigen Zwischenfällen mit Effi allein im Wagen sitzt, küsst er sie. Im folgenden halben Jahr haben die beiden eine Affäre miteinander.

Zwielichtiger Charakter

Crampas' Rolle ist zwielichtig: Einerseits erscheint er als kalkulierender Verführer, der die Ehe eines ehemaligen Kameraden untergräbt und zerstört. Andererseits tritt er auch als Aufklärer auf, der der naiven und ahnungslosen Effi in Beziehung auf den „Chinesenspuk" die Augen öffnet. Weil er Innstetten kennt, kann er ihn als „Erzieher" enttarnen – ein Eindruck, der bis zum Schluss unwidersprochen bleibt. Allerdings nutzt Crampas seine Kenntnisse bewusst zum Verfolgen eigener Absichten aus.

Gegenüber Innstetten mit seinen festen Moralvorstellungen tritt Crampas als Draufgänger auf, dem Gesetze nichts gelten (vgl. HL S. 108/R S. 143f.). Auf Effi bleibt dies nicht ohne Wirkung. Zudem passt es zu seiner Spielernatur, über die und deren mögliche Folgen er sich voll im Klaren ist (vgl. HL S. 104f./R S. 138f.). Dies scheint ein grundsätzlicher Charakterzug zu sein, der ihm aber hinsichtlich seiner Absichten auf Effi sehr hilfreich ist und den er entsprechend verstärkt. Auf Effi wirkt er unwiderstehlich, auch wenn sie ihn nicht liebt (vgl. HL S. 233/R S. 309f.). Doch selbst sein Name in Gestalt eines Dorfes auf Rügen übt noch so große Macht auf sie aus, dass sie eine Reise abbricht.

Sein Ende trägt Crampas mit Fassung, was Wüllersdorf als dem Sekundanten Innstettens Respekt abringt. Das kann einerseits mit dem allgemeinen Verständnis von soldatischer Ehre zusammenhängen. Andererseits passt dieser Tod zum Charakter von Crampas, so wie er auch schon einige Male davon gesprochen hatte.

Dass auch Crampas keineswegs als das personifizierte Böse gesehen wird, zeigen die letzten Worte über ihn: „Noch ein schmerzlicher und doch beinah freundlicher Schimmer in seinem Antlitz, und dann war es vorbei." (HL S. 205/R S. 272) In diesem Sinne kann Effi vom „armen Kerl" (HL S. 233/R S. 309) sprechen.

Johanna und Roswitha

Die beiden wichtigsten Bediensteten im Hause Innstetten lassen sich Innstetten und Effi zuordnen. Beide tragen einige allgemeine Züge des Dienstbotenbildes, wie es Ende des 19. Jahrhunderts bestand: Neugier, Loyalität und Leibesfülle.

Johanna spiegelt Innstettens Prinzipien.

Johanna, das Hausmädchen Innstettens, beansprucht für sich die erste Stelle unter der Dienerschaft. Schon die erste Begegnung Effis mit Johanna ist von unterschwelliger Missstimmung geprägt. Johanna erscheint als engagierte Vertreterin der Gewohnheiten und Prinzipien Innstettens, sodass Effi als neue Hausherrin schnell ein schlechtes Gewissen bekommt: „(...) dass sie die Frage nicht hätte tun und die Vermutung (...) lieber nicht hätte aussprechen sollen" (HL S. 44/R S. 57).

Mit Roswitha, von Effi zur Pflege des Kindes angestellt, erwächst Johanna eine Konkurrentin, auf die sie – noch in Berlin – mit einem „Überlegenheitsbewusstsein" (HL S. 191/R S. 254) reagiert. In Berlin teilt sie sich mit Roswitha die Pflege Annies, während Johanna für den Bereich der Erziehung zuständig ist, „wobei der Charakter Annies, die eine ganz entschiedene Neigung hatte, das vornehme Fräulein zu betonen, allerdings mithalf, eine Rolle, bei der sie keine bessere Lehrerin als Johanna haben konnte" (HL S. 191/R S. 254). Nicht nur in ihrem Auftreten, sich gern etwas vornehmer geben zu wollen, als es ihrer Stellung zukommt, sondern auch mit ihrer Zuständigkeit für Anstand, Sitte und Moral zeigt sie ihre Nähe zu Innstetten. Nach der Trennung Effis von ihrem Mann bleibt sie in Innstettens Haushalt.

„Roswitha hatte das poetische Departement, die Märchen- und Geschichtenerzählung" (HL S. 191/R S. 254) und entspricht damit eher Effis Charakter. Effi hat sie in einer scheinbar aussichtslosen persönlichen Situation in Kessin aufgefunden und sofort für die Kinderpflege engagiert. Roswitha ist dankbar, von einfachem Charakter und hat das Herz auf dem rechten Fleck. Sowohl aus Dankbarkeit als auch von ihrem Naturell her bleibt sie bei Effi, als diese in Berlin ihre Wohnung bezieht und später nach Hohen-Cremmen übersiedelt. In Bezug auf die Handlung kommt Roswitha eine doppelte Bedeutung zu. Zum einen ist sie eine Art Spiegel von Effis Schicksal. Nach der Geburt eines unehelichen Kindes vom Vater fast umgebracht, des Kindes beraubt und mit Schimpf und Schande aus dem Haus gejagt, nimmt ihr Schicksal das von Effi vorweg. Zum anderen bewirkt sie am Schluss, dass Innstetten Effi den geliebten Hund Rollo nach Hohen-Cremmen schickt. Dass der in unbeholfenem Deutsch geschriebene Brief keine Lächerlichkeit oder Lappalie darstellt, zeigt die Würdigung Wüllersdorfs „Ja (...) die ist uns über." (HL S. 243/R S. 323), der sich Innstetten anschließt. So verkörpert Roswitha die Überlegenheit der Menschlichkeit gegenüber der Konvention.

Roswitha spiegelt Effis Schicksal.

Gieshübler

Schöngeist und Außenseiter

Alonzo Gieshübler ist Apotheker in Kessin und nach Meinung Effis „der einzig nette Mensch hier" (HL S. 85/R S. 112) – eine Ansicht, die sie mit Crampas und teilweise auch mit Innstetten teilt. Bereits der Name verrät eine gewisse Exotik: Gieshübler hat einen spanischen Vater. Er ist etwa 50 Jahre alt und Junggeselle. Er kleidet sich auffallend altmodisch, was die anderen zwar über ihn lächeln lässt, aber in deutlichem Kontrast zu seiner geistigen Regheit steht. So ist er ein Außenseiter. In Kessin führt er nicht nur die Apotheke, sondern ist auch der Schöngeist des Ortes. Er arrangiert kulturelle Veranstaltungen, z. B. einen Liederabend mit „der Trippelli", Tochter des ehemaligen, inzwischen verstorbenen Pfarrers Trippel. Da die Trippelli mit einem russischen Fürsten in zweifelhafter Beziehung lebt, ist die Veranstaltung eines Liederabends mit ihr auch ein Zeichen für die geistige Offenheit Gieshüblers. Auch Silvesterbälle und Theateraufführungen finden auf seine Initiative hin und mit seiner wesentlichen Beteiligung statt. Für Effi empfindet er sofort aufrichtige Sympathie, was auf Gegenseitigkeit beruht. Jedes Mal, wenn eine Nachricht oder ein Gruß von Gieshübler eintrifft, freut sich Effi sehr. Bezeichnend ist Gieshüblers Reaktion auf das Duell und seinen Ausgang. Wüllersdorf, aus Kessin wieder zurück in Berlin, berichtet Innstetten: „Heute früh wieder eingetroffen. Eine Welt von Dingen erlebt; Schmerzliches, Rührendes, Gieshübler an der Spitze. Der liebenswürdigste Pucklige, den ich je gesehen. Von Ihnen sprach er nicht allzu viel, aber die Frau, die Frau! Er konnte sich nicht beruhigen, und zuletzt brach der kleine Mann in Tränen aus. Was alles vorkommt. Es wäre zu wünschen, dass es mehr Gieshübler gäbe. Es gibt aber mehr andere.“ (HL S. 207/R S. 275)

Die Einschätzung Wüllersdorfs und die geschilderte Reaktion kennzeichnen Gieshübler als menschlich empfindend. Dass sich seine Reaktion überwiegend auf Effi bezieht, hat Gewicht, denn weder zeigt er Mitleid mit Crampas und seinem Verhalten, noch äußert er Verständnis für Innstetten und das Duell. Auch wenn die Einstellung in Bezug auf Effi etwas naiv und einseitig erscheint, ist die Bewertung des Geschehens durch Gieshübler doch ein deutlicher Kommentar zum Geschehen.

Wüllersdorf

„Geheimrat von Wüllersdorf, den Innstetten schon von früher her kannte und der jetzt sein Spezialkollege war“ (HL S. 176/R S. 233f.), verkörpert, ähnlich wie Vater Briest, die zwiespältige Einstellung zu Konvention und Moral. Von Innstetten gebeten, sein

Sekundant beim Duell zu sein, ist ihm diese Aufgabe unbehaglich. Für seinen Zweifel nennt er treffende Gründe: die „Verjährungstheorie" (HL S. 198/R S. 263) angesichts des langen Zeitraumes seit Ende der Affäre, die Tatsache, dass Innstetten sich mit dem Duell selbst unglücklich mache, das Fehlen von Hass. Innstettens Argument, er habe in Wüllersdorf nunmehr einen Mitwisser, versucht er vergeblich zu entkräften, sodass er schließlich nachgibt. Aber er findet: „(…) unser Ehrenkultus ist ein Götzendienst, aber wir müssen uns ihm unterwerfen, solange der Götze gilt." (HL S. 200/R S. 266) Doch noch auf dem Weg zum Duell versucht Wüllersdorf eine Lösung anzubieten: „Sie vergessen, es kann auch alles glatt ablaufen." (HL S. 204/R S. 271) Doch ein Kompromiss, etwa danebenzuschießen, entspricht nicht Innstettens Vorstellungen.

Das Leben als Kompromiss

Als Innstetten am Schluss von Sinnfragen und Selbstzweifeln geplagt wird, triumphiert Wüllersdorf nicht. Innstettens Idee, nach Afrika zu gehen, bezeichnet Wüllersdorf realistisch als „Torheit" (HL S. 244/R S. 324). Stattdessen versucht er ihm seine Vorstellung vom Leben nahezubringen: „Einfach hierbleiben und Resignation üben. (…) In der Bresche stehen und aushalten, bis man fällt, das ist das Beste. Vorher aber im Kleinen und Kleinsten so viel herausschlagen wie möglich, und ein Auge dafür haben, wenn die Veilchen blühen (…)" (HL S. 244/R S. 324f.). Das Leben lasse sich nur meistern mit „Hülfskonstruktionen" (HL S. 244/R S. 325). So steht Wüllersdorff für das Leben als Kompromiss der Unbedingtheit Innstettens abgeklärt gegenüber.

Der Adel

Zwei Grundhaltungen

Von ‚dem Adel' zu sprechen, ist insofern nicht korrekt, als alle wesentlichen, die Handlung tragenden Figuren in ihrer Verschiedenheit dem Adel entstammen. Hier soll nur auf zwei Grundhaltungen hingewiesen werden.

Die Familie Briest repräsentiert den aufgeklärten Adel. Zwar sind die Briests stolz auf ihre Herkunft und ihren Namen, doch zeigen sie keine Form von Dünkel, noch ist Effi in Sorge, dass sie keinen Sohn bekommt. Auch für die Eltern ist das Fehlen eines Namensträgers anscheinend kein Problem, da es zwischen ihnen nicht thematisiert wird.

Aufgeklärte Haltung

Den Briests gegenüber stehen die altadligen Familien aus der Kessiner Umgebung. Sie erscheinen als Repräsentanten einer politisch rückschrittlichen, antisemitischen und orthodox-religiösen Gesinnung. Selbst Innstetten wirkt ihnen gegenüber schon fortschrittlich. Besonders in Sidonie von Grasenapp kommen diese Eigenschaften zusammen: Hinter einer tugendhaften Fassade verbergen sich Neid, Missgunst und Neugier – sie stellt den Prototyp des Philisters dar.

Reaktionäre Haltung

Zwischen dem aufgeklärten und dem reaktionären Adel ist die Ritterschaftsrätin von Padden anzusiedeln. Rein äußerlich zur alten Gesellschaft gehörend, verfügt sie über viel Menschenkenntnis und Herzenswärme, um Effis Problem zu durchschauen und daran Anteil zu nehmen. Folglich ist sie neben Gieshübler die Einzige, der Effi von Berlin aus Grüße und Empfehlungen ausrichten lässt.

Problemfelder: Frauenbild und Rollenverständnis – Duell und Ehrenkodex

- Die Ehe ist im 19. Jahrhundert die normale Existenzform erwachsener Menschen. Vor allem gilt das für Frauen im Adel und im Bürgertum.
- Ehen werden arrangiert. Da Frauen nicht berufstätig und damit sozial nicht abgesichert sind, kommt es darauf an, eine „gute Partie“ zu machen. Geld und gesellschaftliche Stellung sind bei der Partnerwahl durch die Eltern wichtige Kriterien.

- Liebe spielt bei der Partnerwahl eine untergeordnete Rolle. Sexualität wird vollkommen tabuisiert, was unter Umständen den Reiz des Verbotenen erhöht.
- Lebensinhalt der verheirateten Frauen ist vor allem die Repräsentation des Gatten und die Pflege des Nachwuchses.
- Aus der Situation der besser gestellten Frauen – ungenügend beschäftigt und eigentlich nicht geliebt – entsteht das Gefühl der Langeweile als wichtige Vorbedingung für den Ehebruch.
- Ehebruch ist das schlimmste Vergehen, dessen eine Frau sich schuldig machen kann. Wird er aufgedeckt, verliert sie ihre Ehre, ihre Familie und ihren Platz in der Gesellschaft.

Passive Rolle der Frau

Insgesamt kann man erkennen, dass der Frau, vor allem in der Ehe, von der Gesellschaft eine weitgehend passive Rolle vorgeschrieben ist. Die Frau ist wirtschaftlich und gesellschaftlich vom Mann vollkommen abhängig und wird von der Gesellschaft kontrolliert. Fehlverhalten wird mit harten Sanktionen betraft. Der Ehebruch kann insofern als eine Art unbewusstes Aufbegehren gegen diese Ordnung und Moral angesehen werden. So gesehen ist Effi nicht nur das Opfer des Verführers Crampas, wofür auch vieles in ihrem Verhalten und in ihren Ansichten spricht. Inwieweit Effi bei ihrem Sterben diese Moral und das auf ihr beruhende Rollenverständnis doch noch billigt – denn es sei ihr „klar geworden, dass er [= Innstetten] in allem Recht gehandelt" (HL S. 249/R S. 331) habe – bleibt offen. Die Handlung legt es eher nahe, dass diese Worte ihrem Wunsch nach Versöhnung entsprechen. Dennoch liegt eine gewisse Ironie darin, dass Effi die gesellschaftlichen Vorgaben am Ende rechtfertigt, während Innstetten sie in Frage stellt.

Wie bereits die inhaltliche Erschließung des Romans gezeigt hat, spielen neben der Frage nach der Rolle der Frau die Themen Duell/Ehre, Spuk und – von etwas geringerer Bedeutung – Religion eine Rolle. Die folgende Grafik soll übersichtsartig die Bedeutung der einzelnen Aspekte für sich und in Beziehung auf die Hauptfigur des Romans verdeutlichen.

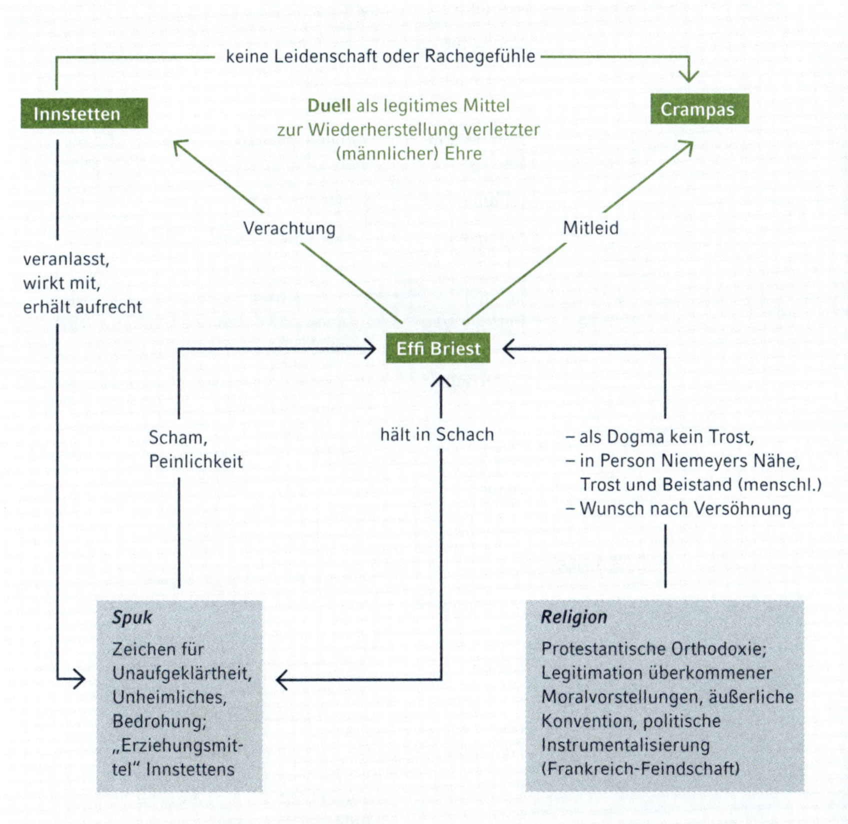

3.5 Sachliche und sprachliche Erläuterungen

1. Kapitel

HL S. 5/ R S. 5	**Kurfürst Georg Wilhelm**	Kurfürst von Brandenburg zwischen 1620 und 1640
	Canna indica	Zierpflanze
HL S. 6/ R S. 7	**Courmacher**	Frauenheld
HL S. 7/ R S. 8	**Mining und Lining**	Zwillingspaar aus Fritz Reuters Roman *Ut mine Stromtid* (erschienen 1862/1864)
	lymphatisch	schwammig
HL S. 8/ R S. 9	**Schlusen**	niederdeutsch: Obst- u. Gemüseschalen
HL S. 10/ R S. 12	**bei den Perlebergern**	Brandenburger Stadt in der Westprignitz, Sitz von drei Eskadrons des Ulanenregiments Nr. 11
	das Kreuz	dt. Kriegsauszeichnung für alle Dienstgrade, gestiftet 1813 von König Friedrich Wilhelm III. von Preußen. 1813, 1870 und 1914 eingeteilt in zwei Klassen und ein Großkreuz
HL S. 11/ R S. 13	**Daus**	zwei Augen im Würfelspiel; Ass der Spielkarte, übertragen: Teufelskerl

2. Kapitel

HL S. 12/ R S. 14	**Midshipman**	Marineoffiziersrang
	Rahen	waagrecht am Mast eines Schiffes beweglich angebrachtes Rundholz oder Stahlrohr zum Tragen der Rahsegel
HL S. 13/ R S. 15	**Feigenblatt**	Der Feigenbaum gilt als Symbol der Fruchtbarkeit und des Wohlbefindens; das Feigenblatt ist ein Symbol für Scham und unterdrückte Lust.

HL S. 14/ R S. 17	**Bonhommie**	franz.: Gutmütigkeit

3. Kapitel

HL S. 16/ R S. 20	**genant**	franz.: unangenehm, peinlich
HL S. 17/ R. S. 21	**perorierte**	veraltet: 1. laut und mit Nachdruck sprechen, 2. eine Rede zum Ende bringen
HL S. 18/ R S. 22	**trousseau**	franz./veraltet: Brautausstattung, Aussteuer
	Mesquinerien	franz./veraltet: Kärglichkeit, Knauserei, Armseligkeit
	Spinn und Mencke	Berliner Möbelgeschäft, Lieferant des Hofes
	Goschenhofer	Ausstattungsgeschäft, Lieferant des Hofes
	Alexander-Regiment	Berliner Grenadierregiment, benannt nach dem russischen Zaren Alexander I.
	Fliegende Blätter	satirische Zeitschrift, erschienen in München
HL S. 18/ R S. 23	**Insel der Seligen**	„Die Gefilde der Seligen“ (1878), Gemälde v. A. Böcklin (1827–1901), das seinerzeit wegen Darstellung nackter Nymphen mit Entrüstung aufgenommen wurde.
	chaperonieren	eine junge Dame zu ihrem Schutz begleiten
HL S. 19/ R S. 24	**den Demuthschen Laden**	Geschäft für Reiseartikel, Lieferant des Hofes

4. Kapitel

HL S. 19/ R S. 24	**Gardepli**	franz.: Gardehaltung, Schneid
HL S. 20/ R S. 25	**Cortege**	franz. „cortège“: Gefolge, Ehrengeleit

HL S. 21/ R S. 27	**Berolinismus**	der Berliner Umgangssprache eigentümlicher Ausdruck
HL S. 22/ R S. 27	**Aschenbrödel**	von Fontane geschätztes Lustspiel von J. R. Benedix (1811–1873)
HL S. 25/ R S. 32	**ambieren**	veraltet: sich (um eine Stelle) bewerben, nach etwas trachten

5. Kapitel

HL S. 29/ R S. 37	**Hövel**	Berliner Schokoladenfabrik und elegantes Süßwarengeschäft
HL S. 29/ R S. 38	**Strumpfband-Austanzen**	mit Pfänderspiel verbundener Tanz, bei dem das Strumpfband der Braut zerschnitten und unter den Hochzeitsgästen als Erinnerung verteilt wird
HL S. 30/ R S. 38	**Hospitalit**	lat.: Armenhäusler
	Kögel	Rudolf Kögel (1829–1896), Oberhofprediger am Berliner Dom
HL S. 33/ R S. 43	**dem andern**	gemeint ist vermutlich die Münchner Glyptothek
HL S. 34/ R S. 44	**Er liegt in Padua begraben.**	vgl. Goethe, Faust I, V. 2925; bezieht sich auf den Tod des Mannes der Kupplerin Marthe Schwerdtlein

6. Kapitel

HL S. 35/ R S. 45	**St.-Privat-Panorama**	Panoramagemälde von E. Hünten, das sich auf einen preußischen Sieg im Deutsch-Französischen Krieg 1870/71 bezieht
	Gabelfrühstück	Zwischenmahlzeit
HL S. 36/ R S. 47	**Varzin**	Dorf und Rittergut in Hinterpommern; Besitz Bismarcks
	Starost	russ.: eigtl. „Ältester“, im Moskauer Reich ein Gemeinde- bzw. Dorfvorsteher

HL S. 37/ R S. 48	**Kaschuben**	eingedeutschter slawischer Volksstamm in Ostpommern
HL S. 38/ R S. 49	**Immortellen**	lat.-frz.: „Unsterbliche", Strohblumen
HL S. 38/ R S. 50	**General de Meza**	C. J. de Meza (1792–1865), General und Oberbefehlshaber der dänischen Truppen im Krieg gegen Preußen und Österreich
HL S. 39/ R S. 50	**Hekla, Krabla**	isländische Vulkane
HL S. 39/ R S. 52	**Normannenherzog Rollo**	erster Herzog derjenigen Wikinger, die 911 als Vasallen des frz. Königs in der Normandie ansässig wurden

7. Kapitel

HL S. 43/ R S. 56	**Trumeau**	franz., Begriff aus dem Bereich der Architektur: 1. Pfeiler zwischen zwei Fenstern, 2. großer, schmaler Wandspiegel an einem Pfeiler zwischen zwei Fenstern
	Pendule	franz.: Pendeluhr
HL S. 45/ R S. 58	**Refraichisseur**	franz.: Parfümzerstäuber
HL S. 45/ R S. 59	**Zylinderbureau**	Schreibsekretär mit Rollverschluss
HL S. 46/ R S. 60	**Bottegone**	bekanntes Café in Florenz
	den alten Wrangel	Friedrich Heinrich Ernst Graf von Wrangel, preußischer Generalfeldmarschall; sprengte im November 1848 die preußische Nationalversammlung in Berlin und beendete damit die preußische Märzrevolution
HL S. 47/ R S. 61	**Konsuln**	oberste Beamte der römischen Republik
HL S. 47/ R S. 62	**Liktoren**	Amtsdiener im antiken Rom

8. Kapitel

HL S. 53/ R S. 69	**Preziosa-Name**	Anspielung auf ein Werk des Komponisten Carl Maria von Weber, in dem ein junger Adliger mit dem Namen „Don Alonso“ vorkommt
HL S. 54/ R S. 70	**Fehrbelliner Schlacht**	entscheidender Sieg Kurfürst Friedrich Wilhelms von Brandenburg über die Schweden unter Feldmarschall W. Wrangel
	Froben	Emanuel v. Froben, Stallmeister des Großen Kurfürsten, gefallen bei Fehrbellin; soll dem Großen Kurfürsten durch einen Pferdetausch das Leben gerettet haben
	als Luther sagte „hier stehe ich“	Worte Luthers zur Verteidigung der Reformation auf dem Reichstag zu Worms am 18.4.1521; historisch nicht verbürgt

9. Kapitel

HL S. 55/ R S. 72	**Deismus**	zur Zeit der Aufklärung entstandene Religionsauffassung, die davon ausgeht, dass Gott nach der Schöpfung keinen Einfluss mehr auf die Welt nehme und auch nicht in Offenbarungen zu ihr spreche
	Louis	Charles Louis Napoléon Bonaparte, Kaiser der Franzosen; wurde bei den Präsidentschaftswahlen der 2. Republik zum Präsidenten gewählt, ließ sich 1851 durch ein Plebiszit für zehn Jahre diktatorische Befugnisse übertragen. Die Niederlage des frz. Feldheeres gegen Preußen (Sedan) zerstörte auch die Legitimitätsbasis seiner Herrschaft: Er geriet am 1870 in preußische Gefangenschaft und lebte ab 1871 im Exil.
	der kartätschte damals auf die Pariser Kanaille	blutige Unterdrückung der Republikaner durch Napoleon III.
	Insolenz	Anmaßung, Unverschämtheit

	Held und Eroberer von Saarbrücken	französische Truppen besetzten in Anwesenheit Napoleons III. am 2.8.1870 Saarbrücken
HL S. 55/ R S. 73	**seiner jesuitischen Frau**	Eugénie, Gattin Napoleons III., nach 1870 im Exil; den Jesuiten wurden von protestantischer Seite Intrigen zur Stärkung der Macht des Papstes vorgeworfen
HL S. 56/ R S. 73	**der jüdische Bankier**	Rothschild, jüd. Bankiersfamilie dt. Herkunft; hier gemeint: Baron Alfons de Rothschild (1827–1905)
	Nobiling	Dr. Karl Eduard Nobiling (1848–1878), Anarchist, Attentatsversuch auf Kaiser Wilhelm I.
HL S. 56/ R S. 74	**medisant**	sarkastisch, boshaft
HL S. 57/ R S. 74	**Wiedereroberung von Le Bourget**	Ort im Nordosten von Paris, von den deutschen Truppen am 30.10.1870 wiedererobert
	Boston	amerikanisches Kartenspiel
HL S. 58/ R S. 76	**Kabarett**	franz.: Speiseplatte mit Fächern
HL S. 58/ R S. 77	**Eremitage**	einsam gelegenes, kleines Land-/Gartenhaus; oft absichtlich schlicht gehalten, meist in künstlerischer Einsamkeit (Wohnhaus Rousseaus); auch bedeutende Gemäldesammlung in St. Petersburg
HL S. 59/ R S. 77	**die Gräfin von Orlamünde; weiße Frau**	Agnes, Gräfin von Orlamünde, soll nach dem Tod ihres Mannes Otto von Orlamünde (1293) ihre beiden Kinder umgebracht haben, die einer Verheiratung mit Albrecht, Burggraf von Nürnberg, im Wege standen; sie erschien der Sage nach als ‚Weiße Frau' vor verhängnisvollen Familienereignissen in Hohenzollerschen Schlössern.

HL S. 59/ R S. 78	**maudit château**	franz.: verfluchtes Schloss

10. Kapitel

HL S. 66/ R S. 87	**Schwaben**	veraltet für: Ungeziefer, Kakerlaken
HL S. 68/ R S. 89	**Lyra**	Musikinstrument der griechischen Antike mit fünf bis sieben Saiten; galt im Hellenismus als Attribut der Dichter und Sänger
HL S. 73/ R S. 95	**Viardot**	Pauline Viardot-Garcia (1821–1910), franz. Opernsängerin und Gesangslehrerin

11. Kapitel

HL S. 75/ R S. 99	**Pincenez**	veraltet: Klemmer, Kneifer
HL S. 76/ R S. 101	**kupieren**	franz.: abschneiden; hier: unterbrechen
HL S. 77/ R S. 101	**Bock und Bote**	traditionsreiche Berliner Musikalienhandlung
HL S. 77/ R S. 102	**Löwesche Balladen**	Carl Loewe (1796–1869), deutscher Komponist
	Glocken von Speier	Ballade, vertont von Carl Loewe
	Ritter Olaf	Romanze Heinrich Heines
HL S. 78/ R S. 102	**Fliegender Holländer**	Oper von Richard Wagner
	Zampa	*Zampa oder die Marmorbraut* (1831), Oper von Louis Joseph Ferdinand Hérold (1791–1833)
	Heideknabe	Ballade von Friedrich Hebbel (1813–1863), 1853 von Robert Schumann vertont
HL S. 78/ R S. 103	**Malice**	franz., veraltet: 1. Bosheit, 2. boshafte Äußerung

HL S. 79/ R S. 104	**Quäkerin**	Mitglied der im 17. Jh. gegründeten englisch-amerikanischen Society of Friends (= Gesellschaft der Freunde), einer sittenstrengen, pazifistischen Sekte mit bedeutender Sozialarbeit
	Psychograph	Gerät zum automatischen Buchstabieren und Niederschreiben angeblich aus dem Unbewussten stammender Aussagen

12. Kapitel

HL S. 80/ R S. 106	**Torquemada**	Tomás de Torquemàda (1420–1498), spanischer Geistlicher; ab 1484 als Generalinquisitor für den Aufbau der gegen konvertierte Juden und Muslime gerichteten spanischen Inquisition verantwortlich
HL S. 81/ R S. 107	**Legat**	im alten Rom Gesandter, Unterfeldherr; heute päpstlicher Gesandter; auch: Erbe, Vermächtnis, Schenkung
	okuliert	Okulation: Veredelung einer Pflanze durch Anbringen von Augen (noch fest geschlossenen Pflanzenknospen) einer hochwertigen Sorte, die unter die angeschnittene Rinde der zu veredelnden Pflanze geschoben werden
HL S. 82/ R S. 108	**Morsellenkästchen**	Morsellen: aus Zucker und Gewürzen hergestellte Bonbons

13. Kapitel

HL S. 87/ R S. 115	**Wagners Stellung zur Judenfrage**	Anspielung auf antisemitische Tendenzen Richard Wagners in seinen Opern und theoretischen Schriften
HL S. 87/ R S. 116	**Landwehr**	ursprünglich das Aufgebot der Wehrfähigen (Landsturm); nach der Heeresreform von 1813/14 bestand in Preußen die L. aus zwei Aufgeboten, bestehend aus ausgedienten Reservisten und nicht im stehenden Heer Dienenden; Landwehrpflicht bis zum 39. Lebensjahr

HL S. 88/ R S. 117	**Wilms**	Robert Friedrich Wilms (1824–1880), berühmter Berliner Chirurg, Bekannter Fontanes aus dessen Zeit als Apotheker im Bethanien-Krankenhaus
HL S. 90/ R S. 119	**ramassiert**	frz.: gedrungen, untersetzt
HL S. 91/ R S. 121	**Entoutcas**	franz.: Regen- und Sonnenschirm
HL S. 92/ R S. 121	**Biliner Wasser**	Mineralwasser aus dem böhmischen Badeort Bilin
HLS. 92/ R S. 122	**Stockholmer Blutbad**	Hinrichtung von 600 Schweden im November 1520 auf Veranlassung des Dänenkönigs Christian II.; Anstoß zur Befreiung Schwedens von der dänischen Herrschaft
HL S. 94/ R S. 125	**Giebichenstein**	Ort bei Halle (Saale) mit berühmter Burgruine

14. Kapitel

HL S. 97/ R S. 129	**Tag von Königgrätz**	Der preußische Sieg in der Schlacht bei Königgrätz (3.7.1866) über die österr.-sächsische Armee entschied den Krieg von 1866 zugunsten Preußens.
HL S. 98/ R S. 129	**Napoleonstag**	Geburtstag Napoleons I. (15. August)
HL S. 98/ R S. 130	**Kasualreden**	Reden zu besonderen Anlässen
	das Bibelwort	Offb. 3,16: „Weil du aber lau bist und weder warm noch kalt, werde ich dich ausspeien von meinem Munde."
	Felsen Petri	die katholische Kirche
	Rocher de Bronze	franz.: „eherner Fels"; nach einem Ausspruch Friedrich Wilhelms I. von Preußen jemand, der nicht leicht zu erschüttern ist – hier auf Bismarck bezogen

15. Kapitel

HL S. 104/ R S. 138	**Renommage**	franz.: Angeberei
HL S. 105/ R S. 139	**Liking**	engl.: Vorliebe
	Vionville	Schlacht bei Vionville (auch Mars-La-Tour) am 16.8.1870, Sieg der deutschen Armee unter Prinz Friedrich Karl über die Franzosen
HL S. 105/ R S. 140	**Ressourcen-abende**	hier: Klub, geschlossene Gesellschaft
	Entrepreneur	franz.: Unternehmer, Veranstalter, Agent (z. B. von Konzerten, Theateraufführungen)
HL S. 106/ R S. 140	**Wilbrandt**	Adolf von Wilbrandt (1837–1911), Schriftsteller, Lustspielautor
	Gensichen	Otto Franz Gensichen (1847–1933), Schriftsteller
	tragieren	veraltend für: eine Rolle (tragisch) spielen
HL S. 106/ R S. 141	**kastalischer Quell**	Kastaleia, Quelle am Parnass bei Delphi, soll der Mythologie zufolge dichterische Kraft wecken; Symbol der Dichtung

16. Kapitel

HL S. 106/ R S. 141	**medisieren**	schmähen, lästern
HL S. 107/ R S. 142	**Kavalkade**	prachtvoller Reiteraufzug; Pferdeschau
HL S. 109/ R S. 145	**Causeur**	veraltet für: unterhaltsamer Plauderer
HL S. 112/ R S. 149	**Schnepfenthal**	Erziehungsanstalt bei Gotha/Thüringen
	Bunzlau	Erziehungsanstalt Gnadenfrei der Herrnhuter Brüder

17. Kapitel

HL S. 115/ R S. 153	**Vineta**	der Sage nach vom Meer verschlungene Stadt an der Ostsee, die wahrscheinlich auf die Siedlung Julin auf der Insel Wollin zurückgeht
HL S. 116/ R S. 154	**Karl Stuart**	Ballade *Karl I.* von Heinrich Heine aus seinem Buch *Romanzero*; König Karl I. von England (1600–1649), vom Parlamentsheer bei Naseby besiegt und 1649 hingerichtet
	Vitzliputzli	Ballade von Heinrich Heine aus seinem Buch *Romanzero*
HL S. 117/ R S. 155	**Pedro der Grausame**	aus Heines Ballade *Spanische Astriden*
HL S. 117/ R S. 156	**Mutter der Elisabeth**	zweite Frau Heinrichs VIII. von England, Mutter von Elisabeth I., 1536 hingerichtet
	Kreuz von Kalatrava	ältester und bedeutendster spanischer Ritterorden, benannt nach der maurischen Festung Calatrava
	schwarzer Adler	höchster preußischer Orden

18. Kapitel

HL S. 120/ R S. 160	**Friedrichsruh**	Ortschaft östlich von Hamburg, Schloss Bismarcks
HL S. 121/ R S. 160	**„Buhküken von Halberstadt“**	niedersächsisches Kinderlied
HL S. 121/ R S. 161	**„Ein Schritt vom Wege“**	Schauspiel von Ernst Wiechert (1831–1902)
HL S. 124/ R S. 164	**hasardieren**	alles aufs Spiel setzen, wagen
HL S. 127/ R S. 169	**„Gottesmauer“**	Gedicht von Clemens Brentano (1778–1842)

19. Kapitel

HL S. 128/ R S. 170	**Marienburger Remter**	Speisesaal der Burg in Marienburg (Ostpreußen)
	Nettelbeck, Kolbergverteidiger	Joachim Nettelbeck, 1738–1824, preußischer Patriot, Kapitän, seit 1782 Branntweinbrenner und Bürgerrepräsentant in Kolberg, dessen Verteidigung gegen die Franzosen er 1806/07 mit Gneisenau und Schill leitete
HL S. 130/ R S. 172	**en cascade**	franz.: im Wasserfall
HL S. 130/ R S. 173	**Geschichte von den drei Ringen**	Anspielung auf Lessings Drama *Nathan der Weise*, das sich stark für religiöse Toleranz einsetzt

20. Kapitel

HL S. 138/ R S. 183	**Sappeurbart**	Bart, den die Pioniere (Sappeure) in der Armee Napoleons trugen
HL S. 139/ R S. 185	**esprit fort**	franz.: Freigeist
	Radegaster und Swatowiter Linie	Anspielung auf die Wendengötter Radegast und Swatowit
HL S. 140/ R S. 186	**Canal La Manche**	franz.: Ärmelkanal
HL S. 142/ R S. 189	**hors concours**	franz.: außer Konkurrenz
HL S. 144/ R S. 192	**Solo**	Kartenspiel

22. Kapitel

HL S. 146/ R S. 207	**Schweigger**	Karl Schweigger (1830–1905), Augenarzt, Direktor der Berliner Universitätsaugenklinik

HL S. 158/ R S. 210	**Sal volatile**	Riechsalz

23. Kapitel

HL S. 163/ R S. 217	**Kladderadatsch**	politisch-satirisches Wochenblatt in Berlin
	Strudelwitz und Prudelwitz	Leutnantsfiguren aus dem *Kladderadatsch*
	Karlchen Mießnick	Figur des ewigen Pennälers aus dem *Kladderadatsch*
	Wippchen von Bernau	Julius Stettenheim (1831–1916) veröffentlichte in der satirischen Zeitschrift *Berliner Wespen* fingierte Reportagen des Journalisten Wippchen von Bernau über den Russisch-Türkischen Krieg, die viel Heiterkeit auslösten
HL S. 168/ R S. 224	**comme il faut**	franz.: wie es sich gehört, musterhaft, vorbildlich
HL S. 169/ R S. 224	**Aqua Amygdalarum amararum**	lat.: Bittermandelwasser
	Syrupus florum Aurantii	lat.: Orangensirup

24. Kapitel

HL S. 173/ R S. 230	**Tempi passati**	ital.: vergangene Zeiten
	Helms	Restaurant in Berlin
	rotes Schloss	Geschäftshaus aus roten Backsteinen am Schlossplatz
	Hiller	bekanntes Weinrestaurant Unter den Linden in Berlin

HL S. 174/ R S. 231	**1. April ... um sich einzuschreiben**	Gratulationsliste zu Bismarcks Geburtstag
	Ondit	frz.: „man sagt"; Gerücht, Gerede
HL S. 175/ R S. 232	**Belvedere, Geistererscheinungen**	das Belvedere des Charlottenburger Schlosses war Ort von spiritistischen Sitzungen, die J. R. Bischoffswerder, Günstling Friedrich Wilhelms II., veranstaltete
HL S. 178/ R S. 236	**Herthadienst**	Kult der altgermanischen Fruchtbarkeitsgöttin Hertha; der Name „Hertha" beruht auf einem Irrtum, die Hertha-Sagen sind erfunden.
	Mummeln	Seerosen
HL S. 184/ R S. 244	**Sturm auf Düppel**	Fall der starken Befestigungen von Düppel 1864 im Krieg Preußens und Österreichs gegen Dänemark; führte zum Frieden von Wien

25. Kapitel

HL S. 187/ R S. 249	**in Affektion genommen**	Wohlwollen, Neigung
	Bonvivant	franz.: Lebemann
HL S. 188/ R S. 250	**Hautefinance**	franz.: Hochfinanz
	Gothaischer Kalender	Adelskalender

26. Kapitel

HL S. 190/ R S. 253	**Nana**	Roman von Emile Zola (1840–1902), frz. Schriftsteller, Hauptvertreter des europäischen Naturalismus; gibt ein umfassendes Zeitgemälde der frz. Gesellschaft
HL S. 191/ R S. 254	**Embonpoint**	franz.: Wohlbeleibtheit, dicker Bauch

27. Kapitel

HL S. 198/ R S. 263	**jeu d'esprit**	franz.: geistreiches Spiel
	dialektisch	die Dialektik betreffend, gegensätzlich; in Gegensätzen, entsprechend der Methode der Dialektik denkend; haarspalterisch, spitzfindig

28. Kapitel

HL S. 204/ R S. 271	**a tempo avancieren**	gleichzeitig voranschreiten

29. Kapitel

HL S. 207/ R S. 276	**Fremdenblatt**	Zeitung
	Kleines Journal	Tageszeitung, die vorwiegend über Skandale und Affären berichtete

30. Kapitel

HL S. 210/ R S. 279	**Polysander-flügel**	Palisander; Tropenholz; Verwendung für Möbel, Klavierkästen, Furniere und Drechslerarbeiten
HL S. 212/ R S. 281	**Remedur**	lat., veraltet: [gerichtliche] Abhilfe; Abstellung eines Missbrauchs
HL S. 213/ R S. 284	**Saturn frisst seine Kinder**	Der römische Gott Saturnus (griech. Kronos) bemächtigt sich gewaltsam der Weltherrschaft. Um nicht ein ähnliches Schicksal zu erfahren, verschlingt er alle Kinder, die ihm seine Gemahlin gebiert.

32. Kapitel

HL S. 219/ R S. 291	**Königgrätzer Straße**	Straße im heutigen Bezirk Kreuzberg, in der Fontane von 1863 bis 1872 wohnte

HL S. 219/ R S. 292	**Matthäikirchhof**	Friedhof in der Nähe von Fontanes Wohnung an der Potsdamer Straße
HL S. 222/ R S. 295	**Glatz**	Stadt in Niederschlesien; Sitz einer Festung, in der Innstetten offenbar wegen des Duells inhaftiert war

33. Kapitel

HL S. 232/ R S. 308	**Schilling**	Konditorei in der Berliner Friedrichstraße

35. Kapitel

HL S. 239/ R S. 318	**Mentone**	Menton; französisches Seebad am Mittelmeer
	Lethe	in der griech. Mythologie Fluss oder Quelle in der Unterwelt, woraus die Seelen der Verstorbenen Vergessen trinken
HL S. 240/ R S. 320	**Attachement**	frz.: Anhänglichkeit, Zuneigung
HL S. 241/ R S. 320	**Kreuzzeitung**	*Neue Preußische Zeitung*, konservative Tageszeitung; nach der Vignette des Eisernen Kreuzes im Zeitungskopf auch als „Kreuzzeitung" bezeichnet; Fontane war dort zehn Jahre Redakteur.
HL S. 241/ R S. 321	**Adlerorden**	der Schwarze Adlerorden hatte einen höheren Rang als der Rote Adlerorden
HL S. 243/ R S. 324	**Confratres**	lat.: Mitbrüder
HL S. 244/ R S. 324	**König Mtesa**	Sultan von Uganda (1841–1884), der dem englischen Afrikaforscher Stanley (1841–1904) Gastfreundschaft erwies
HL S. 244/ R S. 325	**Sardanapal**	Ballett von Paul Taglioni
	Coppelia	Ballett von Leo Délibes

del Era	französische Tänzerin, ab 1880 Primaballerina am königlichen Opernhaus Berlin
Siechen	Bierrestaurant in Berlin
expektoriert	veraltet für: Gefühle aussprechen
Huth	Weinstube in der Nähe von Fontanes Wohnung in der Potsdamer Straße

3.6 Stil und Sprache

ZUSAMMEN-FASSUNG

Fontane ist Realist:

- → Er beschreibt die Menschen in ihren Lebensbedingungen und -verhältnissen.
- → Er beschreibt auch Details und scheinbare Belanglosigkeiten.
- → Dominantes Element ist das Gespräch.

Für seinen Stil sind weiterhin charakteristisch:

- → Humor
- → Vorausdeutungen

Gespräche

Gespräche treiben die Handlung voran.

Zu den Eigenarten von Fontanes Romanen gehört die Dominanz des Gesprächs. Die Entwicklung und das Vorantreiben der Handlung durch den Erzähler sind nachrangig. Dagegen werden wichtige Handlungsschritte in Gesprächen angekündigt und verarbeitet. Das erschwert möglicherweise für einige Leser die Lektüre des Romans, da der Zugang zur Handlung indirekt ist. Auf der anderen Seite ermöglicht die Dominanz des Gesprächs eine differenziertere und den Figuren nähere Darstellung des Geschehens. Der Leser ist insofern stärker gefordert, als er zwischen den einzelnen Positionen seinen Standpunkt finden muss; er ist mehr zum Abwägen gezwungen als bei einer stärker epischen, berichtenden Erzählweise. Fontane entwickelt diesen „Gesprächs-Stil" in seinen Romanen zur Meisterschaft – sein letztes Werk *Der Stechlin* besteht zum überwiegenden Teil aus Gesprächen.

Was die Eigenart und Funktion der Gespräche betrifft, erscheint die Einteilung, die Elsbeth Hamann in ihrer Interpretation[2] vornimmt, sinnvoll und hilfreich:

Expositionsgespräche

„Expositionsgespräche“[3] dienen der Entwicklung der Handlung, indem sie bestimmte Zusammenhänge thematisieren, bevor sie handlungswirksam werden, z. B. das Gespräch der Freundinnen über Innstetten (HL S. 7–10/R S. 9–12) oder die Beschreibung Kessins durch Innstetten, die die kommende Fremdheit Effis in ihrer neuen Umgebung andeutet und somit eine Voraussetzung der Katastrophe ankündigt: Die Fahrt im offenen Wagen von Klein-Tantow nach Kessin beginnt in scheinbar gelöster Stimmung und unter günstigen äußeren Umständen. Effis verwunderte Frage über die fremdartige Erscheinung Golchowskis gibt Innstetten den Anlass zur Beschreibung der Einheimischen. Dabei bleibt er vage und ambivalent, was sich auf Effi verunsichernd auswirkt: „Eigentlich ein ganz unsicherer Passagier, dem ich nicht über den Weg traue und der wohl viel auf dem Gewissen hat. (...) Wir dürfen es nicht mit ihm verderben, weil wir ihn brauchen. Er hat hier die ganze Gegend in der Tasche (...)“ (HL S. 36/R S. 47) – „Hier ist alles unsicher.“ (HL S. 37/R S. 48) – „Was du hier landeinwärts findest, das sind so genannte Kaschuben (...).“ (HL S. 37/R S. 48) Innstetten erwähnt den Chinesenspuk: „Es ist sehr schön und sehr schauerlich.“ (HL S. 38/R S. 49), woraufhin Effi die Spukerscheinung vorwegnimmt: „[Ich] möchte doch nicht, wenn ich diese Nacht hoffentlich gut schlafe, gleich einen Chinesen an mein Bett treten sehen.“ (HL S. 38/R S. 49) Innstetten fährt mit seiner zwiespältigen Darstellung fort: „Ja, man muss sich vorsehen mit ihnen [= den Kessinern]. Aber sonst ganz gemütlich.“ (HL S. 38/R S. 49) Immer

---

2 Elsbeth Hamann, *Theodor Fontane, Effi Briest: Interpretation*, München 2. Aufl. 1988
3 Ebenda, S. 100

wieder weckt Innstetten Effis Begeisterung oder zumindest Neugier, um sie sofort wieder zu dämpfen, sodass sie zum Schluss sagt: „Ja, du hast Recht, Geert, wie schön; aber es hat zugleich so was Unheimliches (...) Woran liegt es nur?" (HL S. 39f./R S. 51)

Das Gespräch hat in dieser Weise die Funktion, auf Effis Befindlichkeit in Kessin einzustimmen. Die Grundsituation zwischen pflicht- und rollengemäßer Bejahung und gefühlsmäßiger Abneigung wird charakteristisch für ihren Aufenthalt in Kessin. Das Gespräch verdeutlicht darüber hinaus Innstettens Rolle, der von Beginn an diese Unsicherheit erzeugt, anstatt ihr entgegenzuwirken. Damit ist ein entscheidender Konflikt, der in die Katastrophe führt, vorbereitet, aber nicht direkt benannt.

Begleitgespräche

Eine zweite Art von Gesprächen sind „Begleitgespräche"[4]; es sind Gespräche, die eine Handlung unmittelbar begleiten, etwa der wichtige zweite Ausritt Effis mit Crampas, die die mystische Neigung und „Erzieher"-Rolle Innstettens thematisiert und kommentiert. Ein anderes Begleitgespräch liegt etwa in Effis Unterhaltung mit der Mutter vor der Verlobung vor: Effi wird vom Spiel ins Haus gerufen, um Innstetten vorgestellt zu werden, den sie bisher erst ein Mal gesehen hat. Das Gespräch wird eingeleitet durch einen Wortwechsel mit der Mutter, der sowohl Effis Spontaneität als auch ihr vertrautes Verhältnis zur Mutter aufzeigt. Dass die Mutter Situationen einzuschätzen versteht und danach handelt, zeigt sich in ihrem Entschluss, Effi sich nicht umkleiden zu lassen: „Es ist am Ende das Beste, du bleibst, wie du bist. (...) du siehst so unvorbereitet aus, so gar nicht zurechtgemacht, und darauf kommt es in diesem Augenblicke an." (HL S. 14/R S. 17) Im Anschluss daran überrascht Luise von Briest ihre Tochter mit der Mitteilung, Inn-

4 Ebenda, S. 100

stetten habe um Effis Hand angehalten, wobei der zweimalige Anlauf „Ich muss dir nämlich sagen (...)" (HL S. 14/R S. 17) die Verlegenheit der Mutter und das Ungewöhnliche der Situation bzw. der Verbindung andeutet. Es folgt eine kurze, aber entschlossene Überredung Effis durch die Mutter, die ihr praktisch keine Wahl lässt: „(...) und wenn du nicht nein sagst, was ich mir von meiner klugen Effi kaum denken kann (...)" (HL S. 14/R S. 17). Die Verlobung ist praktisch beschlossene Sache. Das Gespräch hat hier also die Funktion, die Handlung voranzutreiben. Zugleich wirkt der Fortgang der Handlung direkter und unmittelbarer als durch die Beschreibung eines Erzählers. Der Leser kommt nicht daran vorbei, sich in die handelnden Personen, hier besonders Effi, hineinzuversetzen.

Reflexionsgespräche

In „Reflexionsgesprächen"[5] wird das Geschehene reflektiert, z. B. die Hochzeit Effis im Gespräch zwischen den Eltern Briest oder das Duell und seine Folgen im zweiten Gespräch Innstettens mit Wüllersdorf. In dieser Weise hat das Gespräch eine zweifache Funktion: Einerseits ermöglicht es einen tieferen Einblick in die Charaktere und ihre Handlungsweisen; darüber hinaus wird die Handlung aufgehalten und somit Spannung erzeugt. Weiterhin werden bedeutungsvolle Momente der Handlung durch nachbereitende Gespräche besonders hervorgehoben. So wird im zweiten Gespräch Innstettens mit Wüllersdorf Folgendes deutlich:

- → Innstettens Lebensgefühl hat sich durch das Duell nicht gesteigert, sondern entwickelt sich zu einer Lebensunlust.
- → Er erkennt im Brief Roswithas den Wert des Einfachen, Menschlichen vor dem Kult um die Ehre.

---

5 Ebenda, S. 101

- → Er bestätigt im Grunde Crampas' Vorwurf der Schulmeisterei.
- → Das Duell hat grundlegende Zweifel an seiner Bestimmung und seinem Lebenssinn gelegt. Mit der Überlegung, nach Afrika zu gehen, erweist sich Innstetten als ein Fluchtcharakter.
- → Wüllersdorfs Alternative lautet „Einfach hierbleiben und Resignation üben." (HL S. 244/R S. 324) – er zeigt damit eine mögliche Existenzform innerhalb des als überkommen erachteten Traditionskodex auf.

Insgesamt vertieft das Gespräch die schon bisher aus der Handlung gewonnene Einsicht, dass das Duell überflüssig und unmenschlich war, indem es die Auswirkungen auf den Urheber, Innstetten, aufzeigt. Zugleich macht der Dialog nochmals die Verfassung der Gesellschaft deutlich, in der es das Beste ist, „Resigantion (zu) üben" (HL S. 244/R S. 324), also still zu sein und auszuhalten. Damit wird auch ein differenziertes Bild von Innstetten gegeben, der gegenüber den Konventionen möglicherweise tatsächlich ohnmächtig ist.

Vorausdeutungsgespräche

„Vorausdeutungsgespräche"[6]: Da Vorausdeutungen im Roman eine große Rolle spielen und große Teile des Romans in Dialogen verfasst sind, spielen Vorausdeutungen auch in den Gesprächen eine bedeutsame Rolle. Zu nennen sind hier etwa das Gespräch zwischen Effi, Innstetten und Crampas auf der Veranda, das den kommenden Konflikt klar andeutet, oder der erste gemeinsame Ausritt, der ebenfalls Konflikt und Ausgang andeutet. Dabei fantasiert Crampas von der Robbenjagd, was Innstetten mit einem knappen Hinweis auf die Hafenpolizei kontert; dieses wiederum wird von Crampas spöttisch und abwertend kommentiert, worauf

---

6 Ebenda

Effi in die Hände klatscht (vgl. HL S. 108/R S. 144). Deutlich wird der Gegensatz zwischen den beiden Männern angedeutet. Effis Klatschen signalisiert zwar keine Spur von Verliebtheit, zeigt aber als spontane, emotionale Äußerung ihre Nähe zu Crampas an. Diese Parteinahme wird von Innstetten und Crampas ins Allgemeine verharmlost, was den persönlichen Konflikt zunächst wieder entschärft. Als Innstetten „einen seiner kleinen, moralischen Vorträge, zu denen er überhaupt hinneigte" (HL S. 108/R S. 144) hält, indem er Crampas an seine standesgemäße Pflicht erinnert, kontert Crampas erneut: „Wer gerade gewachsen ist, ist für Leichtsinn. Überhaupt ohne Leichtsinn ist das ganze Leben keinen Schuss Pulver wert." (HL S. 109/R S. 144) Innstetten beendet das Gespräch, indem er auf Crampas' bei einem Duell verkürzten Arm hinweist. Vorausdeutungscharakter hat dieses Gespräch in dreierlei Hinsicht:

- → Es unterstreicht nachdrücklich und im Roman zum ersten Mal auf direkte Art und Weise die Gegensätzlichkeit von Innstetten und Crampas.
- → Es zeigt auf, dass sich Effi emotional näher zu Crampas hingezogen fühlt, und deutet somit auf den Ehebruch voraus.
- → Es deutet auf das Duell voraus.

Tagesgespräche

„Tagesgespräche"[7]: Dabei geht es um für die Handlung nicht wichtige Inhalte, die gleichwohl einen näheren Einblick in die Charaktere und Zeitumstände ermöglichen. Beispiele dafür sind die Gespräche bei den Besuchen der altadligen Familien, die einen Einblick in die geistige Verfassung des preußischen Junkertums geben, oder das Gespräch zwischen Apotheker Gieshübler und der Trippelli an-

7 Ebenda

lässlich ihres Gesangsabends in Kessin. Dabei wird ohne direkten Bezug auf die Handlung die Trippelli als eine Frau vorgestellt, die, als Künstlerin und in privat etwas undurchschaubaren Verhältnissen lebend, zwar am Rande der etablierten Gesellschaft steht, aber in ihren Ansichten, ihrem ästhetischen Geschmack und der Art ihres Auftretens eine in gleicher Weise unkonventionelle und selbstbestimmte Lebensweise repräsentiert. Sie tritt direkt gegenüber dem eher formalen Gieshübler auf („Ich habe Gieshübler schon vor Jahr und Tag darauf aufmerksam gemacht (...)“, HL S. 75/R S. 99), äußert sich selbstbewusst abwertend über ihren Gönner („Ach, ich bitte Sie, Gieshübler, lassen Sie doch *den*.“, HL S. 76/R S. 100), legt freimütig ihre Verhältnisse offen und äußert sich freimütig zu dem von Gieshübler vorgeschlagenen Programm („(...) auch nicht gerade das Neueste. (...) dies ewige Bim-Bam, das beinahe einer Kulissenreißerei gleichkommt, ist geschmacklos und abgestanden.“, HL S. 77/R S. 102). Insgesamt nur eine Randfigur, verweist sie durch diese im Gespräch offengelegten Eigenschaften indirekt darauf, was Effi in ihrem Leben mit Innstetten fehlt. Auch hier zeigt sich durch das Gespräch ein differenzierter Zugang zur Handlung.

So zeigt sich, dass den Gesprächen und ihrer sprachlichen Gestaltung ein großer Stellenwert zukommt. Ergänzend ist zu sagen, dass die oben vorgenommene Einteilung fließende Übergänge und Überschneidungen aufweist und nur eine Hilfe darstellt, die verschiedenen Funktionen der Gespräche voneinander abzugrenzen.

Briefe

Neben den Gesprächen spielen Briefe als Teil der Figurensprache eine wichtige Rolle bei der sprachlichen Gestaltung des Romans. Ähnlich wie die Gespräche sind sie im Unterschied zum Erzählbericht authentische Selbstmitteilungen der Figuren. Dabei ist sowohl der Grad ihrer Ausführlichkeit als auch ihrer Direktheit sehr unterschiedlich. Dafür sollen drei Beispiele genannt werden.

Effis Postkarte von der Hochzeitsreise (vgl. HL S. 33f./R S. 43f.) ist eine indirekte Mitteilung ihrer Befindlichkeit: Effi ist im Grunde schon zu Beginn der Ehe mit Innstetten gelangweilt. Indirekt ist diese Mitteilung aufgrund der äußeren Tatsache, dass Innstetten die Postkarte gelesen haben wird, aber auch, weil Effi ihre wahren Gefühle nicht auf einer Karte ihrem Vater und ihrer Mutter gegenüber zugleich „veröffentlichen“ würde. In der Handlung selbst gehen Impulse von diesen indirekten Mitteilungen für eine vertiefende Reflexion des Geschilderten aus, hier ein Gespräch der Eltern.

Briefe ermöglichen eine größere Offenheit.

Die Briefe weisen einen steigenden Grad an Direktheit auf. Sie bieten die Möglichkeit, das zur Sprache zu bringen, was im direkten Gespräch anzusprechen nicht möglich ist. Diese Unmöglichkeit bezieht sich nicht allein auf die räumliche Distanz, etwa zwischen Kessin und Hohen-Cremmen, sondern auch auf die Unaussprechbarkeit. Ein Beispiel dafür ist Effis Brief vom 31. Dezember (vgl. Ende von Kapitel 12). Abgesehen von der sehr indirekten Mitteilung, dass sie ein Kind bekommen wird, äußert sie vergleichsweise offen Kritik am Kessiner Landadel, offenbart Heimlichkeiten gegenüber Innstetten („Innstetten darf nicht davon wissen (...)“, HL S. 83/R S. 110), gesteht ihre Spukängste und kritisiert Innstetten in dieser Sache nochmals recht offen. In einem Gespräch mit der Mutter wären solche Themen, schon gar nicht in dieser Häufung, vermutlich nicht denkbar gewesen.

Die Nachricht Roswithas an Innstetten (vgl. HL S. 242f./R S. 322f.), in der sie ihn darum bittet, den Hund Rollo nach Hohen-Cremmen zu geben, hat im Vergleich zur Sprache und zur inneren Einstellung

Innstettens die Funktion eines Kontrasts. Roswithas sprachlicher Unbeholfenheit im Brief steht ihre menschliche Größe gegenüber, die von Innstetten und Wüllersdorf auch anerkannt wird. Neben dem die Handlung vorantreibenden Moment hat der Brief also auch eine (Absender und Empfänger) charakterisierende Funktion.

Humor und Ironie

Bedeutung von Humor und Ironie

Voraussetzung jeder Art von Humor und Ironie ist zunächst, dass man das Leben als widersprüchlich und doppeldeutig erkennt. Unter Humor versteht man eine seelische Grundhaltung, die in den Missständen des Lebens menschliche Unzulänglichkeiten erkennt und lachend verzeiht. Ironie als Form der Verstellung und Verspottung wird philosophisch als Mittel zur Entlarvung vermeintlichen und unbegründeten Wissens im Dienst echter Wahrheitsfindung gedeutet. Während der Humor die Widersprüche des Lebens zu überbrücken und zu bewältigen versucht, ist es Absicht der Ironie, die Widersprüche aufzudecken, zu kritisieren und zu ihrer Überwindung beizutragen. Ironie und Humor werden einander oft gegenübergestellt, Ironie dabei als kalt und negativ, Humor mehr als warm und relativierend verstanden.

Humor: Vater Briest

Fontane bedient sich in seinen Romanen beider Mittel, wobei der Humor den Vorrang hat. Vertreter des Humors in *Effi Briest* ist Vater Briest. Er ist im Roman mehr Beobachter als aktiv Handelnder. In dieser Rolle kommentiert er verschiedene Sachverhalte und Ereignisse hintergründig, was aber nie zu Lasten anderer geht. Ein Beispiel: Nach der Hochzeit sprechen die Eltern aus, was sie vorher bereits empfunden haben – Effi und Innstetten sind recht gegensätzlicher Natur, was für die kommende Ehe Schwierigkeiten aufwerfen könnte. Briest zählt nun nicht einfach die gegensätzlichen Charaktereigenschaften auf, um zu einer abschließenden Bewertung zu gelangen, sondern

- → spielt auf die eigene Hochzeit an („(...) nichts bekomme einem so gut wie eine Hochzeit, natürlich die eigene ausgenommen", HL S. 30/R S. 39),
- → beneidet Effi um ihre Hochzeitsreise (vgl. HL S. 30/R S. 39) und bedauert sie zugleich („(...) Gott, unsere arme Effi (...)", HL S. 30/R S. 39),
- → bezeichnet seine Frau als bessere Partnerin für Innstetten und bedauert dieses („Überhaupt hättest du besser zu Innstetten gepasst als Effi. Schade, nun ist es zu spät." HL S. 31/R S. 40).

Einen Gegensatz (Kunstenthusiasmus –„Naturkind") baut er in diese Darstellung ein. Briest ist sich der bestehenden Gegensätze wohl bewusst, beurteilt sie aber als nicht so schwerwiegend, zumal ihm bewusst ist, dass die Dinge jetzt nicht mehr umzukehren sind. Die humorvolle Darstellung hat hier also die Funktionen,

- → die Gegensätze zu thematisieren, die womöglich in einem direkten Gespräch schwerer zu diskutieren gewesen wären (welches jedoch im Anschluss daran tatsächlich stattfindet),
- → das Geschehene zu verarbeiten,
- → sich möglicherweise auch der eigenen Grenzen bewusst zu werden und sie zu akzeptieren.
- → In der Eigenschaft, seine Frau humorvoll zu necken, ist zugleich Briests Zuneigung zu ihr zu erkennen.

Humor findet sich über den alten Briest hinaus noch in der Darstellung des Personals (Schlichtheit Roswithas, Rivalität Johanna / Roswitha), Hulda Niemeyers und Vetter Briests. Stets geht es darum, durch die Darstellung persönlicher Schwächen den Betroffenen nicht zu denunzieren, sondern mit ihm zu fühlen und Verständnis für ihn aufzubringen: Roswithas Schlichtheit, wie sie sich im unbeholfenen Brief an Innstetten äußert, ist dessen gesellschaftlichem Rang überlegen. Hulda Niemeyers Jungmädchenträume werden durch Briests Verständnis oder Effis Sehnsucht nach Hulda der Lächerlichkeit enthoben. Insgesamt dient der Humor der „Tröstung und Abwehr der Tragik des Lebens"[8] und der „Vermittlung zu einem geträumten Glück und vielleicht zu einer Illusion"[9]. Die Machtlosigkeit gegenüber den gesellschaftlichen Forderungen – etwa den idealen Mann zu haben (Hulda) oder sich perfekt ausdrücken zu können (Roswitha) – führt nicht in die Resignation.

Ironie als Kritik

Ironie spielt gegenüber dem Humor eine deutlich untergeordnete Rolle, was mit Absicht und Eigenart realistischer Dichtung allgemein zusammenhängt. Sachverhalte, die mehr oder weniger offen kritisiert werden, sind

→ das Preußen-Pathos als Ausdrucksform des Militarismus,
→ das bigotte Verhalten des alten Adels,
→ das Duell.

Offen ironisch kritisiert wird nur das Auftreten der Altadligen. In überheblichen und selbstgefälligen Reden und Gesprächen erscheint der Widerspruch zwischen dem Anspruch auf Weltgeltung und der eigenen Stellung am Rande des Reiches. Ähnlich verhält es sich mit dem Widerspruch von Moral und tatsächlichem Handeln.

Wenn Jahnke mit der Schuljugend Hohen-Cremmens am Sedanstag zum Gedenken der Niederlage Frankreichs „gravitätisch

---

8 Pierre Bange, Humor und Ironie in *Effi Briest*. In: *Fontanes Realismus*, hrsg. v. H.-E. Teitge u. J. Schobeß, Berlin 1972, S. 143–148, hier S. 146.
9 Ebenda

am rechten Flügel [herankam], während ein kleiner Tambourmajor, weit voran, an der Spitze des Zuges marschierte, mit einem Gesichtsausdruck, als ob ihm obläge, die Schlacht bei Sedan noch einmal zu schlagen" (HL S. 23/R S. 30), so erhält dieser Aufzug durch das Missverhältnis von Anlass und Durchführung etwas Lächerliches. Damit dürfte der gesamte Preußen-Pomp ironisch dargestellt sein.

Das Duell ist eine für die Handlung und Aussage zu ernste Angelegenheit, um sie ironisch darzustellen. Jedoch löst das Duell einen Prozess aus, den man als „Ironie des Schicksals" betrachten kann: Innstetten erkennt Charakter und Auswirkungen des Duells, während Effi am Ende die Schuld auf sich nimmt.

Verklärung

Verklärung bedeutet im umgangssprachlichen Sinn des Wortes eine – zumeist rückblickende – positive Verschleierung von Sachverhalten und Ereignissen. Von rückblickender Verschönerung findet man in *Effi Briest* aber nichts. Vielmehr kann man von einer Art Verschleierung sprechen, die der Absicht dient, den Leser zur stärkeren Verarbeitung des Erzählten anzuregen.

Wirkungsabsicht

Immer wieder durchziehen rätselhafte, übernatürliche Ereignisse und Begegnungen die Handlung, wie z. B. die Schilderung der alten Frau Kruse, der Chinesenspuk, das scheinbar die Handlung begleitende Walten der Natur, die magischen Kräfte des Schloon oder das „Gesellschafts-Etwas". Bei aller Verschiedenheit dieser Phänomene wird deutlich: Die Welt, in der sich das Geschehen abspielt, hat keinen einfachen, durchschaubaren Zusammenhang, sondern es haftet ihr etwas Zwingendes an, dem man sich nicht widersetzen kann. Die Frage nach der Verantwortlichkeit des Individuums wird damit komplexer und dringender. Sprachlich unterstützt werden diese Aspekte durch den komplexen Satzbau, den starken Einsatz von Modaladverbien und durch eine individuelle Figurensprache, wie E. Hamann aufgezeigt hat.[10]

Vorausdeutungen

Vorausdeutungen als Kommentar der Handlung

Effi Briest enthält auffallend viele Vorausdeutungen. Ihre Funktion ist es, auf den Gang der Handlung einzustimmen und diese zugleich zu kommentieren. Durch die zahlreichen Vorausdeutungen bekommt der Leser den Eindruck, dass der Ehebruch und das tragische Ende Effis schicksalhaft, zwangsläufig, gleichsam vorprogrammiert sind. Zugleich wird dieses Geschehen eingebettet in parallele Handlungen und dadurch seines ganz und gar außergewöhnlichen Charakters enthoben. Eine besondere Rolle bei den Vorausdeutungen spielt das erste Kapitel. Fontanes Anspruch ist: „Das erste Kapitel ist immer die Hauptsache und in dem ersten Kapitel die erste Seite, beinah die erste Zeile (...) Bei richtigem Aufbau muss in der ersten Seite der Keim des Ganzen stecken.“ (Brief an Karpeles vom 18.8.1880)

Das wird mit dem Mittel der Vorausdeutung eingelöst. Schon der erste Absatz führt mit der Erwähnung der „Kirchhofsmauer“ (HL S. 5/R S. 5) ein Motiv ein, das sowohl auf einen späteren Zeitpunkt der Handlung – Effi wird später vom Fenster ihrer Berliner Wohnung nach der Scheidung von Innstetten auf Friedhöfe blicken – als auch auf das Ende, Effis Tod, vorausweist. Die Freundschaft der Mutter mit Innstetten bezeichnet Effi als „Liebesgeschichte mit Held und Heldin und zuletzt mit Entsagung“ (HL S. 7/R S. 8), was „nie schlimm“ (HL S. 8/R S. 9) sei. Auch hier liegt eine Vorausdeutung auf die Haupthandlung vor. Effis Unbeschwertheit verleitet sie zu der Aussage „(...) ich falle jeden Tag wenigstens zwei-, dreimal, und noch ist mir nichts gebrochen“ (HL S. 8/R S. 9). Das

---

10 E. Hamann, ebenda, S. 98

Motiv des Fallens deutet ebenfalls auf das Ende hin; Effi wird dann als „gefallene Frau" von der Gesellschaft geächtet.

Die beiden letzten Andeutungen stellen zwar wichtige Motive der weiteren Handlung vor, doch gibt es keine direkte Entsprechung, sondern einen Kontrast. Effis leichtfertige Einschätzung der „Liebesgeschichte mit Entsagung" steht im Gegensatz zu ihrem eigenen Schicksal am Ende der Handlung. Ihre Unbeschwertheit und Zuversicht hinsichtlich des Hinfallens widerspricht der Endgültigkeit und Unumkehrbarkeit ihres Fallens durch den Ehebruch. Deutlicher weist dagegen das Ende des ersten Kapitels auf den Romanschluss hin. Beim feierlichen „Versenken" von Stachelbeerschalen im Teich bemerkt Effi scheinbar beiläufig: „(...) wobei mir übrigens einfällt, so vom Boot aus sollen früher auch arme unglückliche Frauen versenkt worden sein, natürlich wegen der Untreue" (HL S. 11/R S. 13). Auf das Herunterspielen dieser Angelegenheit seitens der Freundinnen betont Effi: „Ich [vergesse so was] nicht. Ich behalte so was." (HL S. 11/R S. 14)

Insgesamt kann man im ersten Kapitel sämtliche Elemente der Haupthandlung finden: die dramatische, mit Entsagung (oder Nachgeben) verbundene Liebesgeschichte, das Motiv des Fallens, das sich auf gesellschaftlicher Ebene wiederholen wird, die Bestrafung für den Ehebruch und letztlich das Todesmotiv. Diese Vorausdeutungen (vielleicht mit Ausnahme der letztgenannten) weisen allerdings nicht allzu direkt auf die Romanhandlung hin. Indem sie den Figuren, vor allem Effi, wie beiläufig zugeordnet werden und sich dieses auch wiederholt, bekommt Effis Schicksal etwas Zwangsläufiges. Man ist, wenn sich Ehebruch und gesellschaftlicher Absturz ereignen, nicht sonderlich überrascht, wobei eine Reaktion wie „Das musste ja so kommen!" den Leser mit der Hauptfigur noch stärker verbindet, als es in einer objektiv-distanzierenden Erzählweise der Fall wäre.

Doch nicht nur das erste Kapitel enthält Vorausdeutungen und Anspielungen. Sie können im Allgemeinen zwei Funktionen zugeordnet werden:

- Sie geben einen Hinweis oder auch einen Kommentar zum aktuellen oder künftigen Geschehen im Roman.
- Sie führen für die spätere Handlung bedeutsame Motive ein und stimmen somit hintergründig auf den Gang der Ereignisse ein.

Zu beiden Gruppen einige Beispiele:

Als Effi und ihre Mutter aus Berlin von den Hochzeitseinkäufen zurückkehren, berichtet Vater Briest: „(...) wir haben hier, während ihr fort wart, auch so was gehabt: unser Inspektor Pink und die Gärtnersfrau. Natürlich habe ich Pink entlassen müssen, übrigens ungern." (HL S. 20/R S. 25) Und Effi selbst kommt als Hausherrin in Kessin in eine ähnliche Situation; ihre Kinderfrau Roswitha scheint mit dem Kutscher Kruse, einem verheirateten Mann, anzubandeln: „Ich muss dich darauf aufmerksam machen, Roswitha, dass Kruse verheiratet ist." – „Ich weiß, gnäd'ge Frau." – „Ja, was weiß man nicht alles und handelt doch, als ob man es *nicht* wüsste." (HL S. 148/R S. 197) Zugleich warnt Effi Roswitha eindringlich davor, nicht zu weit zu gehen, bittet sie aber zugleich, aus ihrem Leben zu berichten. Es folgt eine Art Parallelhandlung. Roswitha berichtet von ihrem ersten, illegitimen Verhältnis, aus dem ein Kind hervorgegangen ist, und von den unmenschlichen Strafen, die sie dafür zu erleiden hatte: Vom Vater wurde sie verprügelt, das Kind wurde ihr für immer genommen, das Elternhaus blieb ihr verwehrt. Zwar geht es etwas roher zu als in der Welt des Adels, und in den Details gibt es Unterschiede zwischen beiden Handlungen, doch läuft es letztlich auf dasselbe hinaus: Ein Verstoß gegen die Ehe- und Sexualmoral wurde mit härtesten Strafen belegt und führt im Extremfall an den Rand des Todes.

Dabei stehen die Sanktionen nicht in Frage. Er habe Pink „natürlich" (HL S. 20/R S. 25) entlassen müssen, bemerkt Vater Briest, und an den Schmähungen gegen Roswitha beteiligt sich die ganze Familie. Ebenso wenig werden diese Sanktionen von den Beteiligten oder „Zuschauern" in Frage gestellt. Die gleiche Selbstverständlichkeit zeigt sich im späteren Umgang mit Effi nach Aufdeckung des Ehebruchs. Effis eigene Reaktion auf Roswithas Geschichte ist bezeichnend: Zwar missbilligt sie die Annäherungsversuche Roswithas, was ihr ihre Stellung auch gebietet. Doch versieht sie ihre Ermahnung nicht mit einer moralischen Begründung oder gar Drohung – zu gut erkennt sie sich vermutlich in Roswithas Handlungsweise vermutlich selbst wieder: „Ja, was weiß man nicht alles und handelt doch, als ob man es *nicht* wüsste." (HL S. 148/ R S. 197).

Andeutungen, die sich nicht unmittelbar auf die Haupthandlung beziehen, jedoch einzelne Motive verarbeiten und so die Stimmung des Romans zu einem großen Teil mittragen, sind:

HL S. 20/ R S. 25:	Effis Bemerkung „(...) mein erster großer Ball ist vielleicht auch mein letzter" deutet schon zu Beginn ihr Ende an.
HL S. 47/ R S. 61:	Innstetten deutet, halb im Scherz, an, Effi im Falle eines Falles lieber mit in den Tod zu nehmen, als sie einem anderen zu überlassen. Zwar gibt es im Roman keinen gemeinsamen Tod zweier Liebender, doch ist eine Parallelität zu Effi und Crampas erkennbar.

HL S. 74/ R S. 98:	„Ich sehe so gern Züge ..." bezieht sich im Kontext der Handlung auf Effis Unwohlsein in Kessin, deutet aber auch ein wichtiges Motiv des Schlusses an. Von ihrer Berliner Wohnung, ausgeschlossen von Familie und Gesellschaft, schaut sie auf mehrere Bahndämme.
HL S. 122/ R S. 162:	Die Aufführung des Stücks *Ein Schritt vom Wege* bezieht sich in mehrfacher Hinsicht auf die kommende Handlung. Auf die Doppeldeutigkeit weist schon der Nachdruck des Erzählers hin: „Der ‚Schritt vom Wege' kam wirklich zustande (...)".
HL S. 141/ R S. 187:	„‚Wirklich', wiederholte die Padden, ‚ein schöner Mann. Ein bisschen zu sicher. Und Hochmut kommt vor dem Fall ...'" Ritterschaftsrätin Padden weist hier nicht nur auf Crampas' weiteres Schicksal hin, sondern greift auch eine Redewendung Hulda Niemeyers aus dem 1. Kapitel, hier allerdings auf Effi bezogen, auf. Dadurch werden Effis und Crampas' Schicksal eng und kunstvoll miteinander verbunden.
HL S. 152/ R S. 202:	Dagobert Briest, Effis Vetter und Verehrer, scherzt, er würde Effis wegen „Innstetten (...) am liebsten fordern und totschießen". Unter anderen Vorzeichen wird Innstetten später Crampas wegen Effi „fordern und totschießen". Was in Dagobert Briests Scherz einen ernst zu nehmenden Hintergrund hat – er passt von seinem Temperament her besser zu Effi als Innstetten –, verkehrt sich später auf grausame Art und Weise: Dass Innstetten Crampas fordert, ist überflüssig, was auch ihm selbst klar ist.

Zitate

Zu den Vorausdeutungen gehört auch die Kommentierung der Handlung durch ein anderes „Medium": Während des entscheidenden Ausritts schildert Crampas Effi den Inhalt von Heine-Gedichten aus der Sammlung *Romanzero*. Thema ist eine heimliche Liebe, „die wohl nicht ganz heimlich blieb" (HL S. 118/R S. 156) und mit der Hinrichtung des Liebhabers endet. Hier wird das Schicksal von Crampas ebenfalls vorweggenommen. Effi „antwortet" später, während des gemeinsamen Aufenthalts in der Försterei, mit dem Inhalt des Gedichts *Die Gottesmauer* von Clemens Brentano: „Eine kleine

Geschichte, nur ganz kurz. Da war irgendwo Krieg, ein Winterfeldzug, und eine alte Witwe, die sich vor dem Feinde mächtig fürchtete, betete zu Gott, er möge doch ‚eine Mauer um sie bauen', um sie vor dem Landesfeinde zu schützen. Und da ließ Gott das Haus einschneien, und der Feind zog daran vorüber." (HL S. 127f./R S. 169)

Die vorausdeutende Funktion steht hier nicht im Vordergrund. Vielmehr dient das Gedicht dazu, Effis Stimmung und Gefühle wiederzugeben. Sie sieht keine Möglichkeit mehr, sich gegen Crampas zu wehren, möchte aber gleichwohl Schutz, weil sie die Gefahr spürt, die von ihm ausgeht. Eine Vorausdeutung liegt hier also indirekt vor: Effi spürt, dass etwas passieren wird; instinktiv fürchtet sie sich davor, sieht aber keine Mittel zur Gegenwehr. Im Gedicht spiegelt sich die schicksalhafte Einstellung dem Geschehen gegenüber wider – eine Auffassung, die Effi im Grunde bis zum Schluss beibehält.

Fazit

So haben, insgesamt gesehen, die Vorausdeutungen (von denen es noch mehr gibt als die hier genannten) eine sehr vielfältige Funktion:

→ Sie schaffen ein weit verzweigtes Netz von Motiven, die an entscheidenden Momenten der Handlung wiederkehren. So sind sie ein Strukturprinzip des Romans.
→ Im ersten Kapitel entfalten sie den Keim des Ganzen, in dem alle wichtigen Elemente der Handlung vorkommen.
→ Sie nehmen das Schicksal der Protagonisten vorweg und rücken das gesamte Geschehen an entscheidenden Momenten in den Rang eines unabwendbaren Schicksals.
→ Sie motivieren bestimmte Handlungen aus Vergangenem.
→ Sie dienen dazu, die Handlung zu kommentieren und die Stimmung der Protagonisten zu erklären.

3.7 Interpretationsansätze

ZUSAMMEN-FASSUNG

Effi Briest kann verstanden werden als:
- → Roman einer gescheiterten Ehe
- → Darstellung und Kritik der Macht gesellschaftlicher Normen
- → Kritik an der überkommenen Adelsgesellschaft Preußens
- → Darstellung eines Frauenschicksals

Unter vier Gesichtspunkten kann *Effi Briest* interpretiert werden:
- → Verständnis der Ehe
- → Reichweite und Bedeutung von Konventionen
- → Sicht auf die Gesellschaft und den Adel
- → Frauenschicksal im ausgehenden 19. Jahrhundert

Effi Briest – die Geschichte einer gescheiterten Ehe

Schon bei der Verheiratung fällt der „öffentliche Charakter" der Ehe Effis mit Innstetten auf. Die Werbung Innstettens erfolgt ausschließlich über die Eltern, insbesondere die Mutter, die Innstetten ja wesentlich früher eigentlich hatte heiraten wollen; Werbungs- und Verlobungszeit sind extrem kurz. Effi selbst hat anscheinend keine wesentlichen Einwände gegen dieses Verfahren, das doch entschieden mehr einer Kauf- als einer Liebesehe ähnelt. In Kessin – und damit auch im Zusammenhang mit dem Ehebruch – entwickelt Effi eine andere, „private" Auffassung von der Ehe. Sie sehnt sich nach der Erfahrung von Liebe, Wärme, Geborgenheit – allesamt „private" Qualitäten. Da sie dies in ihrer Ehe nicht finden und verwirklichen kann, wird sie ein leichtes Opfer für Crampas. Dass für Effi fortan der private Charakter der Ehe im Vordergrund steht und die gesellschaftliche Bedeutung übertönt, zeigt sich schon darin, dass sie ausdrücklich keine Schuld- oder Schamgefühle empfindet. Dass sie die gesellschaftliche Konvention verletzt haben könnte, ist ihr nicht bewusst oder es ist ihr gleichgültig; dass sie Innstetten als Mensch verletzt und sich mit einem Mann eingelassen hat, der sie nicht liebt und den sie nicht liebt, dafür schämt sie sich.

Gleichwohl stellt der Roman die grundsätzliche Bedeutung der gesellschaftlichen Institution Ehe nicht infrage, was sich am Schluss zeigt: Auch wenn Effis Leben in der Königgrätzer Straße in Berlin trotz gesellschaftlicher Isolation teilweise Züge von Wärme und Harmonie zeigt, wird doch deutlich, dass sie ohne den sozialen Halt der Ehe nicht leben kann. Das zeugt einerseits von der Kälte der Gesellschaft, andererseits aber auch davon, dass Effi trotz der leidenschaftlichen Verurteilung Innstettens nach der Begegnung mit Annie nicht generell mit der Gesellschaft bricht, vielmehr am Schluss sogar ausdrücklich sich selbst die Schuld gibt. Und bei allem Mitleid, das der Autor für seine Protagonistin erzeugt – eine eindeutige Rechtfertigung Effis und eine ebensolche Verurteilung Effis finden sich nicht. So ist festzuhalten, dass der Roman die Ehe einerseits als gesellschaftlichen Bezugsrahmen (Familie, Repräsentation), andererseits als Rahmen für die Verwirklichung privater Glücksvorstellungen, was allerdings in Effis Ehe nicht geschieht, darstellt. Eine explizite Wertung wird nicht vorgenommen. Vgl. hierzu auch die Materialien, S. 110 f. und 115 f. sowie S. 59 f. in diesem Buch.

Kritik an der Macht gesellschaftlicher Normen

Sowohl mit der Eheauffassung als auch vor allem mit der Duellfrage (vgl. hierzu Materialien, S. 111 ff. in diesem Buch) ist der Aspekt der Gültigkeit und des Geltungsbereiches gesellschaftlicher Normen berührt. Hier liegt ebenfalls ein möglicher Ausgangspunkt für die Interpretation des Romans.

Der Ehebruch, von dem im Roman gar nicht deutlich wird, wie weit er ging, wird sechs Jahre später aufgedeckt. Die Ehe selbst hat in dieser Zeit für Innstetten anscheinend keinen wesentlichen Schaden erlitten. Allein das zeigt die Fragwürdigkeit des Duells auf. Innstetten unterwirft sich mehr oder weniger fraglos dem „Gesellschafts-Etwas", was einerseits auf seine Inflexibilität hinweist, andererseits auf die Dominanz der Gesellschaft gegenüber dem Individuum. Diese Dominanz wird kaum ernsthaft angezweifelt, allenfalls vom alten Briest, indem er, nachdem die Tochter über mehrere Jahre hinweg vom elterlichen Haus ausgeschlossen war, sich entschließt, die Schwerkranke zurückzuholen und dabei keine Rücksicht auf einen eventuellen Schaden seiner Reputation nimmt.

Es gilt einerseits, das Überkommene, Verkrustete, Unbewegliche an dieser Dominanz gesellschaftlicher Normen zu sehen. Sie gestatten kein Abweichen, wie in den beiden Gesprächen zwischen Innstetten und Wüllersdorf deutlich wird; dabei werden etwaige Sanktionen, z. B. der Ausschluss aus dem gesellschaftlichen Leben, noch nicht einmal thematisiert. Innstetten fühlt sich jedenfalls durchaus glaubwürdig zum Duell verpflichtet. Auch die Repräsentanten eines gemäßigteren, aufgeklärten Denkens stimmen damit überein: Wüllersdorf sieht am Ende die Notwendigkeit des Duells ein, und der alte Briest duldet bis zum Ausbruch von Effis Krankheit ihren Ausschluss vom Elternhaus und ihre Isolation. Andererseits scheint im Roman auch der soziale Aspekt der Konventionen durch: Eine Gemeinschaft kann den Ansprüchen und Wünschen eines Individuums nie vollauf genügen. Die Notwendigkeit des Lebens in der Gemeinschaft macht ein Zurückstecken des Individuums nötig.

Dass in der Darstellung aber die Kritik am Verkrusteten und Überkommenen dominiert, zeigt das Schicksal Innstettens und Effis. Innstetten ist, wie von Wüllersdorf vorhergesehen, nach dem Duell unglücklicher als vorher, es hat ihm persönlich nur eine Belastung eingebracht; Effis Entfernung von ihrer Familie, die gezielte Entfremdung Annies von ihrer Mutter, Effis Leben in Berlin in vollkommener sozialer Isolation und der lange Ausschluss vom Elternhaus – das alles trägt unverkennbar unmenschliche Züge. Betrachtet man beide Seiten, ist also das Verhältnis von Individuum und Gesellschaft, gemessen an der Gültigkeit überkommener Normen, kein unentschiedenes, aber ein in gewisser Hinsicht offenes.

Kritik an der adligen Gesellschaft

Effi Briest bietet einen zwar nicht umfassenden, aber doch hinreichenden Einblick in die gesellschaftliche Struktur Preußens im ausgehenden 19. Jahrhundert. Zwar ist die Handlung in der Sphäre des Adels angesiedelt, doch sind auch aufgeklärte großbürgerliche Ansichten vertreten (Effis Vater, Wüllersdorf, Gieshübler, Dr. Rummschüttel). Der alte Adel wird in seiner antiquierten, verfestigten Denkweise kritisiert und karikiert. Es ist eine Gesellschaft, die vornehmlich mit sich selbst beschäftigt ist und darüber hinaus vorgeformte Ansichten vertritt. In der Darstellung des Kessiner Adels kann Fontane diese Gesellschaftsschicht nicht einmal mehr ernsthaft kritisieren, sondern nur noch der Lächerlichkeit preisgeben.

Innstetten steht mit seiner unverbrüchlichen Treue zu den Konventionen wider besseren Wissens zwischen aufgeklärtem Großbürgertum und dem Altadel. Dass er letztlich der Konvention gehorcht, mag verschiedene Ursachen haben: Erziehung, Sorge um die berufliche Laufbahn, der Weg des geringsten Widerstands. Jedenfalls zeigt es die Stärke der beharrenden Kräfte der Gesellschaft. Dass diese Beharrlichkeit letztlich auch zum Untergang der Gesellschaft mit beiträgt, ist eine wichtige, unausgesprochene Aussage des Romans. Vgl. hierzu auch die Materialien, S. 106 f. in diesem Buch.

Effi Briest – exemplarische Darstellung eines Frauenschicksals

Wie in den meisten der späten Romane Fontanes steht im Mittelpunkt von *Effi Briest* eine Frau. An Effi wird aufgezeigt, wie fremdbestimmt das Leben einer Frau – auch aus den höheren Schichten – im 19. Jahrhundert ist und welche Kräfte es bestimmen. Effi wird sehr jung an einen beträchtlich älteren Mann verheiratet, hat ihm bedingungslos bis ans „Ende der Welt" zu folgen und erfüllt die Funktionen der Hausfrau, Mutter und Repräsentationsfigur. Nach ihrem Fehltritt wird sie mitleidlos aus der Gesellschaft verstoßen, lebt isoliert und ist als geschiedene, alleinstehende Frau vom gesellschaftlichen Leben praktisch ausgeschlossen. All diese Aspekte dürften für ein Frauenschicksal der damaligen Zeit durchaus zutreffen, doch ist einschränkend zu bemerken, dass die kritisch-feministische Perspektive für Fontane sicher nicht im Vordergrund stand.

Interessant ist die Art und Weise der Darstellung Effis im Kontrast zu großen Teilen der Männerwelt. Herrscht dort – unter Einbeziehung einiger Frauen (Frau Briest, Altadel) eine überkommene, versteinerte Denkweise, so erscheint Effi als Verkörperung des „wesenhaft Weiblichen, des naturhaften Menschentums" (Fritz Martini). Mag auch diese Sicht etwas klischeehaft wirken – Körperlichkeit, Beweglichkeit, Wildheit und Freiheitssehnsucht stehen doch dafür. Dabei handelt es sich um weibliche, nicht aber um feministische Attribute. Vgl. hierzu auch die Materialien, S. 110 f. und 115 f. sowie S. 59 f. in diesem Buch.

4. REZEPTIONSGESCHICHTE

ZUSAMMENFASSUNG

Die Reaktionen auf den Roman waren von Beginn an überwiegend positiv; für Fontane war er ein erster größerer, kommerzieller Erfolg. Allgemein gelobt wurden die kompositorische Geschlossenheit und das perfekte Zusammenspiel von Details und Gesamtaussage. Vereinzelte Kritik gab es am Chinesenmotiv, da ein „übernatürlicher" Bestandteil in einem realistischen Roman als störend empfunden wurde.

Bereits 1919 hebt Conrad Wandrey, repräsentativ für die überwiegend positive Rezeption von *Effi Briest*, die große Bedeutung des Romans hervor: „‚Irrungen, Wirrungen' wird in der deutschen Literatur immer einen hohen Rang einnehmen. Mit ‚Effi Briest' ragt Fontane in die Weltliteratur. Es ist eines der überpersönlichsten und in seiner Enthaltsamkeit doch menschengütigsten dichterischen Bücher des vergangenen Jahrhunderts."[11] Wandreys Bewunderung gilt vor allem der Komposition, den in gleicher Weise unauffälligen wie sinnvollen Details. Er hebt *Effi Briest* von den Werken des Naturalismus ab, deren reflektierender Charakter gewollt, absichtlich und aufgesetzt wirke. Fontanes Methode habe dagegen den Vorteil, anschaulicher sowie lebensnäher zu sein und, da sich der eigentliche Sinn erst vom Ergebnis, vom Ende her offenbare, dem Leser mehr Freiheit und Eigenständigkeit zu geben. Schon Wandrey erkennt die differenzierte Einstellung des Romans zur Schuldfrage, indem er über einen einfachen Gegensatz

11 Conrad Wandrey, *Theodor Fontane*, München 1919, S. 267

Effi/Innstetten hinausdenkt. Indem er aber betont, wem offenbar des Autors Sympathien gälten, bleibt Wandrey mit seiner Interpretation eher auf der individual-persönlichen Ebene.[12]

Mary-Enole Gilbert befasst sich in ihrer 1930 erschienenen Arbeit mit der Funktion des Gesprächs in Fontanes Romanen. Die Ergebnisse, die sie festhält, dürfen auch für *Effi Briest* Geltung beanspruchen, wenngleich die Autorin eine fragwürdige Schlussfolgerung daraus zieht. Das Gespräch diene

- der Vermittlung von Objektivität, indem auf einen Erzählerkommentar weitgehend verzichtet wird,
- der Darstellung der Auswirkungen von Geschehnissen auf einzelne Personen,
- der Abgrenzung von Personen gegeneinander und
- der Herstellung einer Verbindung von Mensch und Umwelt.

Den Gegensatz zwischen der beabsichtigten Vermittlung von Objektivität und der tatsächlichen Dominanz der Subjektivität, nämlich der subjektiv gefilterten Eindrücke und Ansichten einzelner Personen, deutet Gilbert allerdings als Zugeständnis an den Naturalismus und eine Art „altersbedingter Schwäche“ des Autors. Angesichts der Tatsache, dass gerade die Gesprächspartien die entscheidenden Momente des Romans enthalten und sorgsam durchkomponiert sind, wird sich dieser Einwand jedoch kaum halten lassen.[13]

---

12 Vgl. Conrad Wandrey, *Theodor Fontane*. München 1919, S. 267–291
13 Vgl. Mary-Enole Gilbert, *Das Gespräch in Fontanes Gesellschaftsromanen*, Leipzig 1930, S. 185 f.

Fritz Martini hebt besondere Darstellungstechniken Fontanes in *Effi Briest* hervor (Kreisstruktur, Schilderung, Dialog, Antithetik der Figurenkonstellation, Symbolverweise, Vorausdeutungen, Bedeutung des Zufalls). Er setzt sie, einem existenzialistischen Verständnis nahekommend, in Beziehung zu der von ihm vermuteten Absicht des Autors, die Gesellschaft als eine sinnentleerte und ihre Werte bzw. Ordnungen als rein äußerliche darzustellen.

Damit geht er über eine individualistische Deutung hinaus und kommt zu der Einsicht, dass nicht das Schicksal des oder der Protagonisten im Mittelpunkt steht, sondern die Einstellung zur Gesellschaft.[14]

Wie andere Stellungnahmen zum Roman hebt Jost Schillemeit besonders die Komposition von *Effi Briest* heraus, wobei er besonders die Verwobenheit der Zeitstufen, den Erzählfluss und die immer wieder überraschend auftretenden Wendungen herausstellt. Eine, in welcher Weise auch immer, didaktische Funktion des Romans lehnt er ab zugunsten eines nahezu theologischen Verständnisses: Wenn *Effi Briest* eine Wahrheit enthalte, dann eine solche, die man immer wieder neu im Leben zu bewähren habe. Es komme also auf das Mit-Leiden und Mit-Fühlen, auf das Teilnehmen am Leben der Protagonisten (also Sympathie im eigentlichen Wortsinn) an. Zentraler Aspekt sei dabei der der Vergebung.[15]

Mit der Ablehnung eines individualistischen Verständnisses schließt Walter Müller-Seidel an Fritz Martini an, doch versteht er den Roman weniger in existenzialistischer Hinsicht, sondern deu-

---

14 Vgl. Fritz Martini, *Deutsche Literatur im bürgerlichen Realismus 1848–1898*, Stuttgart 1962, 4. Aufl. 1981, S. 790–794.

15 Vgl. Jost Schillemeit, *Theodor Fontane. Geist und Kunst seines Alterswerkes*, Zürich 1961, S. 79–105.

tet ihn betont zeitgeschichtlich. In der Bismarck-Zeit sei es nicht möglich gewesen, als Individuum seine Gefühle zu entfalten. Das sei im Besonderen die Tragik Innstettens, der selbst seine wahre „Behinderung", die Gefühlsunfähigkeit, gar nicht erkenne und sie als Leidenschaftslosigkeit fast noch positiv umdeute. Dass es dennoch zu einfach ist, schlicht die Gesellschaft für alles verantwortlich zu machen, zeigt Müller-Seidel am Schuldeingeständnis Effis auf. Angesichts der Unmöglichkeit klarer Schuldzuweisungen sei (ähnlich wie bei Schillemeit der Aspekt der Vergebung, nur deutlicher „säkularisiert") eine „Humanität der Nachsicht" als eigentliche Intention von *Effi Briest* festzuhalten.[16]

Einen materialistischen Standpunkt vertritt Hans-Heinrich Reuter in seiner Fontane-Monografie. Er versteht Effis Ehe als Form der Prostitution höherer Ordnung und stellt bei den Protagonisten des Romans ein fehlendes gesellschaftliches Bewusstsein fest, das sie in die Katastrophe treibe. Innstettens Tragik, aus einer richtigen Erkenntnis keine entsprechenden Konsequenzen zu ziehen, verbiete es, ihm die Schuld an der Katastrophe zuzuweisen. Nicht mehr „Vergebung" oder „Nachsicht" sieht er im Mittelpunkt der Aussage. Vielmehr sei der gesellschaftliche Grundwiderspruch zwischen Altem und Neuem das zentrale Thema aller Alterswerke Fontanes, somit auch von *Effi Briest*.[17]

---

16 Vgl. Walter Müller-Seidel, *Theodor Fontane. Soziale Romankunst in Deutschland*, Stuttgart 1975, 357–377.
17 Vgl. Hans-Heinrich Reuter, *Fontane*. Zweiter Band. (1968), München o. J., S. 680–684.

5. MATERIALIEN

Der Adel als gesellschaftlich geschlossene Gruppe

Alle die Handlung tragenden Personen in *Effi Briest* gehören dem Adel an. Wenn man den Roman nicht als bloßes individuelles Schicksal seiner Protagonisten lesen und verstehen will, dann ist die Katastrophe Effis auch eine Katastrophe des Adels. Wesentliche Handlungen im Roman beruhen auf der Standeszugehörigkeit: das Duell, das Verbot für Effi, ihre Tochter zu sehen, der vorübergehende und nur durch die Krankheit aufgehobene Ausschluss aus dem Familienkreis. Innstettens Formulierung vom „uns tyrannisierenden Gesellschafts-Etwas" ist also möglicherweise etwas vereinfacht. Zu fragen wäre danach, inwieweit die „Standesgesetze", die nicht deckungsgleich mit den Staatsgesetzen sind, das Handeln der einzelnen Figuren in *Effi Briest* bestimmen. Wie sich die Standeszugehörigkeit auf die Angehörigen des Adels auswirkt, hat um die Jahrhundertwende der Schweizer Soziologe Georg Simmel in einer umfassenden Studie untersucht:

„Es mag gleichgültig sein, ob der Pöbel dies oder ob er jenes tut; dem Menschen des höchsten Adels muss jeder Augenblick durch ein Gesetz festgelegt sein, weil jeder unbedingt und gleich wichtig ist. (...) Die Erscheinungen dieses Typus sind in das Noblesse oblige [= Adel verpflichtet] zusammengefasst. (...) Erst darin, dass den unteren Massen vieles gestattet ist, was dem Adligen verboten ist, liegt die tiefste Verachtung und Vergleichgültigung jener: Sie werden der strengeren Normierung nicht für wert gehalten. Der Nicht-Adlige mag, wenn er will, dieselben Verzichte leisten, aber das gehört nicht zu seiner sozialen Position, es ist eine irrelevante Privatsache für den Adel, aber ist es soziale Pflicht, oder richtiger:

Es ist sein Standesvorrecht, vieles nicht zu dürfen (...). Die Adligen brauchen, um ‚sich kennenzulernen', d. h. sich ihre Individualitäten zu offenbaren, nicht so viele Präliminarien, wie diejenigen, die das Apriori erst zu suchen haben, von dem aus das Spezielle der Gedanken, Interessen, Wesensarten dargeboten werden kann. (...) Setzt der Adel gleichsam einen eisernen Fond voraus, aus dem jeder ihm Angehörige ausgestattet wird und der den folgenden Generationen ungeschmälert überliefert werden muss, so darf jedes Mitglied auch nur aus diesem Kreise hervorgegangen sein, kein Kreis, in dem die Vorzüge nicht erblich sind, welche jenen Fond geschaffen haben, darf sich in ihn hineinmischen. Nur so kann man im Großen und Ganzen sicher sein, dass jedes Mitglied auch wirklich an der Kraft, Gesinnung, Bedeutung des Ganzen partizipiere, dass jenes eigentümliche Verhältnis, in dem der Wert des Ganzen durch jedes Individuum hindurchwächst, sich realisiere. Diese Ergänzung aus sich selbst trägt die einzigartige Geschlossenheit und Selbstgenugsamkeit dieses Standes, der sozusagen nichts brauchen kann und nichts brauchen darf, was außerhalb seiner selbst liegt. Damit ist er sozusagen wie eine Insel in der Welt (...). Wo aber der individuelle Faktor zu schwach ist, um der überpersönlichen Substanz die persönliche Form zu schaffen, da kommt es, wie gesagt, zu Verfallserscheinungen: Es wird dann unvermeidlich jene Substanz selbst zur Form, der Sinn des Lebens ist nichts als die Bewahrung der spezifischen Standesehre und der ‚guten Haltung' (...)"[18]

---

18 Georg Simmel: *Exkurs über den Adel* (Ausz.), aus: ders.: *Soziologie: Untersuchung über die Formen der Vergesellschaftung*. Berlin 1. Aufl. 1908.

Zeitgeschichtlicher Hintergrund – Preußen, der Adel und das Militär

Der gesamte Roman ist durchzogen von Anspielungen auf Preußen, Bismarck und den Hochadel. Eine besondere Rolle spielt darin das Militär. Zum einen spielt Fontane damit auf die Militarisierung der preußischen (adligen) Gesellschaft an, die ein System von Gedenktagen, Orden und Regimentszugehörigkeiten durchzieht. Zugleich geht Fontane damit ironisch um, etwa bei der Schilderung des am Sedanstag paradierenden Jahnke oder wenn Annie – „schade, dass es ein Mädchen ist" (HL S. 97/R S. 112) – am „Tag von Königgrätz", dem Gedenktag an den preußischen Sieg über Österreich, geboren wird. Mit dem Zusammenhang von Adel und Militarisierung der Gesellschaft als zeitgeschichtlichem Hintergrund des Romans befasst sich der folgende Textauszug:

„Der bürgerliche Einfluss wurde in allen Gesellschaftsformen zum Nachteil der Adelsgesellschaft gestärkt – ganz nach dem Code Napoléon in Frankreich. Der Adel behielt jedoch weiterhin seine Patrimonialrechte, die Effi Briest im Roman als wünschenswerten Ersatz im Falle fehlender Liebe in ihrer Ehe mit Innstetten gegenüber ihrer Mutter darstellt. ‚[...] wo Prinz Friedrich Karl zur Jagd kommt, auf Elchwild oder Auerhahn'. Das Jagdrecht war eines der Patrimonialrechte des Adels. (...) Das preußische Militär, in dem der Adel dominierte, war von allen Fürstentümern des deutschen Bundes das einzig ‚brauchbare'. (...) Hier beginnt langsam das Intervall, in das der historische Hintergrund Fontanes Romans Effi Briest fällt. Mit dem preußischen Verfassungskonflikt begann der steile Aufstieg des Fürsten Otto von Bismarck, dessen Aufgabe darin bestand, Preußen zur Erfüllung seiner ‚deutschen Aufgabe' zu verhelfen, womit die Umsetzung der sogenannten ‚Kleindeutschen Lösung' mit hegemonialer Stellung Preußens gemeint war. Gleichzeitig verstand er sich als Befürworter des Legitimitätsprinzips. Über eine Periode der Diktatur meisterte Bismarck seine Aufgabe durch ‚Blut und Eisen' über die deutschen Einigungskriege gegen Dänemark (1864), Österreich (1866) und letztendlich Frankreich (1870/71) bis hin zur Reichseinigung und Kaiserproklamation 1871 im Schloss von Versailles, die einen ‚kleindeutschen' Nationalstaat hervorbrachte, welcher später aufgrund der nur minderen demokratischen Züge auch als ‚Semiabsolutismus' in die Geschichte einging und den Dualismus zwischen Preußen und der Habsburgermonarchie beendete. Die Deutschen Einigungskriege werden durch zahlreiche Indizien im Roman erwähnt. So ist der ‚Tag von Königgrätz' ein Feiertag, der an die entscheidende Schlacht im deutsch-österreichischen Krieg erinnert. Der Tag der Kapitulation Napoleons des III. wird als der ‚Sedanstag' im Roman angesprochen. Die eigentliche Handlung setzt also erst nach der Kaiserproklamation ein. Dies wird ebenfalls nach der Hochzeitsreise von Effi Briest und Innstetten deutlich. Das ‚St. Privat-Panorama' ist ein Rundbild, welches eine Schlacht des deutschen Einigungskrieges zwischen Deutschland und Frankreich darstellt. Auf die Kaiserproklamation bezieht sich Fontane in seinem Roman: ‚Eine Woche später war Bismarck in Varzin und nun wusste Innstetten, dass (...) an ruhige Tage für ihn nicht mehr zu denken sei. Der Fürst hatte noch von Versailles her eine Vorliebe für ihn und lud ihn (...) häufig zu Tisch'. Die Kaiserproklamation fand nämlich im Schloss von Versailles statt. Innstettens Anwesenheit bei diesem Akt von großer historischer Bedeutung unterstreicht seine hohe gesellschaftliche Stellung. Dass Golchowskis Gaststätte, die Innstetten und Effi im ersten Winter in Kessin gemeinsam besuchen, ‚Zum Fürsten von Bismarck' heißt, kommt nicht von ungefähr: Bismarck genoss in den adeligen Gesellschaftsschichten als Verfechter des monarchischen Herrschaftsgedankens ein immens gutes Ansehen, weshalb nach ihm benannte Gaststätten in Preußen keine Seltenheit darstellten. Die Handlung spielt also zusammengefasst in den 80er und 90er Jahren des 19. Jahrhunderts nach einer langen Periode der Krisen und politischer Unsicherheit, denen jedoch weitere innen- und außenpolitische Konflikte folgen. Der deutsche Drang zur Weltpolitik, die Marokkokrise sowie Bismarcks Auseinandersetzung mit Katholizismus und Sozialisten klingen im Roman nicht an."[19]

Die Frauenfrage

Effi Briest ist nicht nur das Drama der jungen Titelheldin, sondern auch die Tragödie einer jungen Frau. Effi, das ist ihr von Beginn an klar, hat kaum eine Chance, sich anders zu definieren als über ihren Mann. Daher möchte sie einen Mann „von Stellung und Familie", um am Glanz seines Namens und an seinem Wohlstand teilzuhaben. Nach dem Ehebruch wird sie von der Gesellschaft wie eine Aussätzige behandelt: Sie wird geschnitten, von ihrer Familie praktisch verstoßen und erhält keine Möglichkeit, sich ihren Lebensunterhalt zu verdienen oder am öffentlichen Leben teilzunehmen. Das wirft ein Licht auf die Lage der Frauen um die Jahrhundertwende. Zwar gehört Effi Briest der privilegierten, materiell gut gestellten Schicht an, rechtlos ist auch sie letztlich. Zugleich ist der Beginn des 20. Jahrhunderts die Zeit der aufstrebenden Frauenbewegung. Ein Blick in August Bebels Werk *Die Frau und der Sozialismus* aus dem Jahr 1895 zeigt Situation und Ziele auf, die für besser gestellte Frauen wie für Angehörige des Proletariats gleichermaßen galten:

---

19 Quelle: Entwicklung der Situation des Adels auf politischer Ebene im 19. Jahrhundert, zitiert nach: www.geocities./com./myessays/entwicklung_der_situation_des_adels_htm (Stand: 2002).

„Das weibliche Geschlecht in seiner Masse leidet in doppelter Beziehung: Einmal leidet es unter der sozialen und gesellschaftlichen Abhängigkeit von der Männerwelt – diese wird durch formale Gleichberechtigung vor den Gesetzen und in den Rechten zwar gemildert, aber nicht beseitigt –, und durch die ökonomische Abhängigkeit, in der sich die Frauen im Allgemeinen und die proletarischen Frauen im Besonderen, gleich der proletarischen Männerwelt befinden. Daraus ergibt sich, dass alle Frauen, ohne Unterschied ihrer sozialen Stellung, als ein durch unsere Kulturentwicklung von der Männerwelt beherrschtes und benachteiligtes Geschlecht das Interesse haben, diesen Zustand so weit als möglich zu beseitigen durch Änderungen in den Gesetzen und Einrichtungen der bestehenden Staats- und Gesellschaftsordnung. (...) Das [= die Einheit zwischen bürgerlicher und proletarischer Frauenbewegung] ist auf allen Gebieten der Fall, auf welchen die Gleichberechtigung der Frauen mit den Männern auf dem Boden der gegenwärtigen Staats- und Gesellschaftsordnung in Frage kommt: also die Betätigung des Weibes auf allen Gebieten, für die ihre Kräfte und Fähigkeiten reichen, und für die volle zivilrechtliche und politische Gleichberechtigung mit dem Manne. Das sind sehr wichtige und, wie sich zeigen wird, sehr umfangreiche Gebiete. (...)"[20]

Das Duell

Das Duell war gegen Ende des 19. Jahrhunderts strafrechtlich bereits verboten, aber unter gewissen Voraussetzungen für Angehörige des Adels, später auch für Bürgerliche, faktisch Pflicht. Darauf beruft sich Innstetten, wenn er „das uns tyrannisierende

---

20 August Bebel, *Die Frau und der Sozialismus*. Einleitung (Ausz.), Berlin 1999.

Gesellschafts-Etwas" beklagt, das ihn zum Duell zwinge. Im Roman gibt Innstetten zu erkennen, dass er den Sinn des Duells eigentlich selbst nicht recht einsieht, erscheint mehr getrieben als aktiv handelnd. Dennoch fällt auf, dass Wüllersdorfs hartnäckiges Dagegenhalten und die Versicherung seines Schweigens kein Gehör finden. Daher stellt sich die Frage nach anderen, unausgesprochenen Motiven. Wie Ute Frevert in einer Studie zum Duell darstellt, scheint einer der wesentlichsten Gründe die öffentliche Manifestation eines bestimmten Rollen- und Selbstverständnisses zu sein:

„Die stupende Beredsamkeit, mit der Studenten, Offiziere, Professoren, Beamte und sonstige Akademiker vor allem in der zweiten Jahrhunderthälfte die ‚Männlichkeit' des Duells priesen und die Notwendigkeit hervorhoben, den Ehrenzweikampf als Markenzeichen des männlichen Geschlechtscharakters zu bewahren, erhält (...) eine besondere Bedeutung. Die Betonung angeblich typisch männlicher Eigenschaften und Fähigkeiten wie Kaltblütigkeit, Eindeutigkeit, Selbstbeherrschung, Selbstständigkeit, Freiheitsdrang, Willenskraft und Mut, die sich im Duell einen vollendeten Ausdruck verschafften, nahm geradezu beschwörend-verschwörerische Formen an, als ob es gelte, sie vor dem drohenden Zerfall zu retten. Solange sich Männer noch duellierten, blieben sie wahre Männer, die ihrem Geschlecht Ehre machten und zeigten, dass sie in einer geschlechterdualistisch konzipierten Welt auf der richtigen, Macht und Autonomie verkörpernden Seite standen."[21]

21 Ute Frevert, *Ehrenmänner. Das Duell in der bürgerlichen Gesellschaft.* (1991), München 1995, S. 266 f.

Ehebruch gehörte zu den wesentlichen Gründen für ein Duell, wenngleich wesentlich häufiger Beleidigungen Anlass für den „Ehrenhandel" waren. In *Effi Briest* beharrt Innstetten darauf, dass es ihm um die öffentliche Wiederherstellung seiner Ehre gehe; damit orientiert er sich am stark äußerlichen Ehrverständnis seiner Zeit. Möglicherweise geht es ihm hinsichtlich der Affäre Effis mit Crampas um mehr, nämlich um eine Behauptung seiner durch den Ehebruch infrage gestellten Männlichkeit, wie Frevert in allgemeiner Hinsicht darstellt:

„Indem ein anderer Mann in den ‚befriedeten Bezirk seiner Familie' eingedrungen wäre, hätte er sich ‚an einem überaus kostbaren Gute des Ehemannes' vergriffen, ‚welches durch die Intimität der ehelichen Beziehungen gewissermaßen einen Teil der eigenen Persönlichkeit desselben' konstituierte. Der Ehebruch dokumentierte ‚eine eklatante Geringschätzung dieser Persönlichkeit und bildet somit einen scharfen Affront gegen die Wehrhaftigkeit des Gatten'. Wurde der Affront durch eine Duellforderung zurückgewiesen, bewies der Ehemann, dass er nicht bereit war, die Enteignung seiner Ehefrau zu dulden und den massiven Angriff auf seine Männlichkeit klaglos hinzunehmen. Trotz der Beteuerungen vieler Zeitgenossen, es gebe gar keine männliche Sexual- oder Geschlechtsehre, agierte der Gatte in einem solchen Fall unverhohlen die sexuelle Kränkung aus, die ihm der Ehebruch zugefügt hatte. Auf dem Duellplatz zeigte er sich selber, seiner Frau, dem Ehebrecher und der ganzen Gesellschaft, dass er immer noch Manns genug war, seine im Bett des Nebenbuhlers angezweifelte Männlichkeit im mutigen, todesverachtenden Kampf zu verteidigen. Nicht verletzte Liebe, sondern verletzte Männlichkeit und Ehre bewogen den Ehemann zu diesem Schritt, von dem er seine Frau in der Regel – sofern er es dann noch konnte – erst nach dem Duell in

Kenntnis setzte. Selbst wenn die Ehe längst zerrüttet war und die Ehegatten getrennt lebten, forderte die gekränkte Männerehre gebieterisch ein Duell – ein deutlicher Beweis dafür, dass der ‚Kampf ums Weib' höchstens den formellen Anlass, keineswegs aber das eigentliche Motiv des Ehrenzweikampfs abgab."[22]

Wüllersdorfs schlussendliche Zustimmung zum Duell und die Regelung der Angelegenheit in Innstettens Ministerium – eine sechswöchige ‚Ehrenhaft' und anschließend eine weitere Karriere im Dienst – zeigen, dass das Duell, vor allem in Ehesachen, allgemein anerkannt war:

„Indem ihm das Duell erlaubte, Eigenschaften, die als wesentliche Züge von Männlichkeit galten, zu demonstrieren und auszuspielen, gewann er vor sich selber, vor seinem Angreifer und dem immer präsenten, wenn auch nicht physisch anwesenden Publikum seine Glaubwürdigkeit als Mann zurück. Selbst Männer, die dem Duell mit großen Vorbehalten begegneten, die viel an seinen Formen und Anlässen auszusetzen hatten, hielten es in solchen Situationen für legitim und notwendig – ein überzeugender Beleg für die prinzipielle Zustimmung, der sich das Duell als Manifestation des männlichen Geschlechtscharakters, der männlichen Persönlichkeit gerade auch im Kaiserreich erfreute."[23]

---

22 Ebenda, S. 278
23 Ebenda, S. 280

Duell und Ehebruch – Folgen für die Frau

Effi Briest fällt nach der Aufdeckung des Ehebruchs und dem Duell in eine umfassende gesellschaftliche Ächtung. In die gemeinsame Wohnung darf sie nicht zurückkehren, der Kontakt mit ihrem Kind wird ihr ebenso verwehrt wie der Zutritt zu ihrem Elternhaus. Als eine Art „gefallenes Mädchen" lebt sie zunächst in einem Frauenpensionat, schließlich in einer eigenen kleinen Wohnung. Eine Berufstätigkeit kann sie natürlich nicht ausüben, aber auch karitative Betätigungen sind ihr untersagt. Das Duell hat insofern daran einen Anteil, als es den Ehebruch öffentlich macht. Somit führt es zu einem völligen Ungleichgewicht: Der Mann stellt seine Ehre wieder her, zeigt sich praktisch von seiner „besten Seite", während die Frau alles verliert. Die Darstellung von Effis Schicksal kann also nicht als übertrieben gewertet werden:

„Für die Frau dagegen, die solcherart zum Anlass eines männlichen Ehrenhandels geworden war, stellte sich die Situation sehr viel ambivalenter dar. Mochte sie sich einerseits, wie der katholische Duellgegner Graf Stolberg 1820 tadelte (...), sich in ihrer ‚Eitelkeit' geschmeichelt fühlen, konnte andererseits ihr Ruf Schaden nehmen. Selbst wenn sie ohne eigenes Zutun und gegen ihren erklärten Willen ein Duell provoziert hatte, trübte allein schon das öffentliche Gerede, das dadurch ausgelöst wurde, ‚den Glanz ihres guten Rufes'. Etwas blieb immer ‚hängen', getreu der (...) Devise, dass das Opfer an der Tat nie ganz unschuldig gewesen sein könne. Anständige Frauen, hieß es denn auch, achteten durch ihr eindeutiges, fehlerfreies Verhalten darauf, keinen Grund zu ehrenrühriger Nachrede zu geben; ein Duell, das ihretwegen stattfand, musste daher zwangsläufig Zweifel an ihrer makellosen Moral wecken. Endete der Zweikampf gar tödlich, hatten sie massive Vorwürfe und, im schlimmsten Fall, soziale Ächtung zu gewärtigen. Frauen, die ein Duell ‚schuldhaft' verursachten, traf das Urteil der öffentlichen Meinung mit besonderer, existenzvernichtender Wucht. Ihr Fehltritt, ihre eheliche Untreue etwa, wurde durch den Ehrenhandel allgemein publik und prägte sich dem kollektiven Gedächtnis als gesellschaftlicher Skandal unauslöschlich ein. Der männliche Ehrenkodex erlegte daher auch Frauen immense Verhaltenszwänge auf – ohne sie aber, gewissermaßen als Ausgleich, an dem partizipieren zu lassen, was das Duell als Akt autonomer Selbstbestätigung für viele Männer so attraktiv machte. Waren sie nicht jederzeit peinlich darauf bedacht, ihre Ehre bzw. das, was aus männlicher Sicht dafür galt, unversehrt zu erhalten, stürzten sie ihren ‚natürlichen Beschützer' in einen vielleicht tödlichen Konflikt, der zwar seine Ehre rettete, die ihre jedoch faktisch zerstörte oder zumindest schwer belastete. Bezeichnenderweise wurde diese fundamentale Asymmetrie in der zeitgenössischen Duelldebatte kaum jemals angesprochen, geschweige denn problematisiert. Anstatt Frauen als die eigentlich Leidtragenden der konventionellen Ehrbegriffe wahrzunehmen, neigte man vielmehr dazu, sie für die Zweikämpfe der Männer aktiv verantwortlich zu machen. Nicht ein ins Absurde übersteigerter Männlichkeitskult, sondern die Schwäche des ‚starken Geschlechts', leichtsinnigen Verführungen der Frauen nicht widerstehen zu können, galt vielen Duellkritikern als Quelle des Übels."[24]

---

24 Ebenda, S. 282f.

6. PRÜFUNGSAUFGABEN MIT MUSTERLÖSUNGEN

Unter www.königserläuterungen.de/download finden Sie im Internet zwei weitere Aufgaben mit Musterlösungen.

Die Zahl der Sternchen bezeichnet das Anforderungsniveau der jeweiligen Aufgabe.

Aufgabe 1 **

Ist Crampas ein Verführer oder Aufklärer? Analysieren Sie das Gespräch zwischen Major Crampas und Effi Briest in Kapitel 16 ab HL Seite 109, Zeile 23/ R Seite 145, Zeile 13 („Ein Wetterumschlag war freilich eingetreten …") bis zum Kapitelende auf HL Seite 112/ R Seite 149.

Mögliche Lösung in knapper Fassung:

INFORMATIONEN

Gesprächspartner: Effi von Innstetten, Ehefrau des Landrats Innstetten in Kessin/Hinterpommern – Major Crampas, Kommandeur des Bezirkslandwehrregiments, steht im Ruf eines Frauenhelden

Thematik: Das Gespräch handelt von Innstetten, den Crampas aus früherer gemeinsamer Militärzeit kennt.

Kontext: Effi wurde quasi von ihren Eltern mit dem 20 Jahre älteren Innstetten verheiratet. Nicht nur im Alter unterscheidet sie sich von ihrem Mann, sondern auch stark im Charakter. Während Innstetten steif, formal und den geltenden Konventionen verpflichtet ist, ist Effi lebenslustig und eher unkonventionell. Im Gefolge von Innstettens Karriereambitionen verschlägt es sie nach Kessin, wo sie sich einsam und unglücklich fühlt. Dort lernt sie Major Crampas, den Kommandeur eines Landwehrregiments, kennen. Crampas kennt Innstetten aus gemeinsam verbrachter Militärzeit. Ihm geht der Ruf eines Frauenhelden voraus, der deswegen auch schon einmal in ein Duell verwickelt war. Nachdem Effi einmal mit Innstetten und Crampas ausgeritten war, folgten weitere Ausritte, zum Teil in Anwesenheit von Bediensteten, am Ende aber auch nur mit Crampas.

Intentionen: Effi will Abwechslung, Aufschluss über Innstetten; möglicherweise Risiko (Ausritt allein mit Crampas). – Crampas will Effi beeindrucken, um sie zu verführen.

ANALYSE

Gesprächsverlauf/Sprecherstrategien – 1. Teil (Einleitung, Gesprächsanbahnung): Crampas beginnt harmlos („Kriegs- und Regimentsgeschichten, auch Anekdoten und kleine Charakterzüge von Innstetten“, HL S. 109/R S. 145); Anbahnung des Gesprächs, Unterstreichen der eigenen Harmlosigkeit, Abwertung Innstettens von Beginn an, Austesten der Grenzen, indem er von Beginn an sehr persönlich wird. Effi reagiert äußerlich gelassen, was sie ihrer Stellung und auch der Loyalität zu ihrem Mann schuldig ist. Crampas deutet Innstettens „mystische Richtung“ (HL S. 110/R S. 146) an und verstärkt seine Herabsetzung, indem er diese Charaktereigenschaft als unsoldatisch hinstellt → Verstärkung des Drucks, Erhöhung der Neugier. Nachdem Effi, wie erwartet, erstaunt und neugierig reagiert hat, schränkt Crampas seine Aussage ein und betont seine Loyalität: „Ich möchte nicht hinter seinem Rücken etwas sagen, was falsch ausgelegt werden könnte.“, (HL S. 110/R S. 146) → Inszenierung der eigenen Glaubwürdigkeit und zugleich Steigerung der Neugier bei Effi durch Andeutungen. Diese gesteht nun vollauf ihre Neugier („Wie können sie meine Neugier so auf die Folter spannen?", HL S. 110/R S. 146) und begibt sich damit in die Hand ihres Gesprächspartners.

2. Teil (Crampas' Deutung): Wieder verfährt der Major nach der Taktik, sich erst zurückzunehmen, um dann in die Offensive zu gehen. Nachdem er Innstetten vom Vorwurf freispricht, ein Geisterseher zu sein, liefert er eine schlüssige Erklärung der mystischen Vorliebe Innstettens. Er wolle sich durch allerlei Spukerlebnisse zur Förderung seiner Karriere interessant machen. Interessant ist, dass es in diesem Zusammenhang bereits eine offene Konfrontation zwischen Innstetten und Crampas gegeben hat. → Im Zusammenhang mit der früheren Auseinandersetzung wirkt Crampas' Aufdeckung Effi gegenüber wie ein später Revancheakt. Er stellt damit nicht nur die Seriosität Innstettens in seinem Amt in Frage, sondern auch seine Aufrichtigkeit als Mensch. Spätestens hier ist erkennbar, dass alle Loyalität Crampas' reine Täuschung ist. Effis Schweigen auf diese Einlassung wirkt wie eine Bestätigung. Dass Crampas sich dadurch verunsichert fühlt, ist lediglich mit seinen Avancen Effi gegenüber erklärbar: Ist er zu weit gegangen und hat den eigenen Interessen zuwidergehandelt? Wieder täuscht er Loyalität, sogar freundschaftliche Gefühle für Innstetten vor. Aber Effi ist schon einen Schritt weiter und erzählt „was sie alles in ihrem Hause erlebt und wie sonderbar sich Innstetten damals dazu gestellt habe" (HL S. 111/R S. 147). → Sie begibt sich damit noch weiter in die Hand ihres Gesprächspartners, der ihre Informationen (Spukzimmer, Chinesen-Spuk) zu seinen Zwecken verwenden kann. Der tut das, indem er eine Kriegsanekdote beisteuert und Innstettens Prinzip bloßer Andeutungen („Freilich immer nur so halb.", HL S. 111/R S. 147) erwähnt. Obwohl er ja eigentlich schon eine Erklärung gegeben hat, fordert er Effis Neugier damit weiter heraus („...wie erklären Sie sich dies alles?", HL S. 111/R S. 147) → Effi ist nach wie vor nicht klar, was Innstettens Strategie mit ihr zu tun hat, Karriereambitionen etwa kommen nicht in Frage. Crampas, obwohl er eine Erklärung parat hat, nimmt sich wieder zurück und setzt sich selbst herab: „Wie soll ich solche psychologischen Rätsel lösen? Ich bin ein einfacher Mann." (HL S. 111/R S. 148) → Die Betonung der eigenen Harmlosigkeit hat zweierlei Funktion: Der Gesprächspartner soll sich in Sicherheit wähnen, und abermals möchte Crampas als loyaler Mensch erscheinen. Doch mit dieser Strategie hat er keinen Erfolg. Effi erkennt ihn als „das Gegenteil davon. Sie sind gefährlich..." (HL S. 111/R S. 148). → Hier erscheint sie im Gespräch erstmals auf Augenhöhe mit Crampas. Ihre Erkenntnis lässt zweierlei Schlussfolgerung zu: Sie lässt sich auf Crampas ein, obwohl sie ihn für gefährlich hält, d. h., sie erkennt und akzeptiert das Risiko. Dagegen würde allerdings ihr Bemühen um Wahrung der äußeren Scheins sprechen. Oder sie erkennt zwar eine gewisse Gefahr, hat aber immer keine klare Vorstellung, in welche Richtung Crampas' Absichten gehen, d. h., sie lässt sich weitgehend naiv auf ihn ein. Crampas beschließt diesen Teil des Dialogs noch einmal mit seiner bereits geäußerten Theorie, Innstetten müsse sich durch diese Neigung einfach interessant machen, deutet aber noch eine andere Erklärung an. → Mit dieser bloßen Andeutung („Das ist das eine.", HL S. 112/R S. 148) bringt er wieder Spannung ins Spiel und entfacht erneut Effis Neugier.

3. Teil (Innstetten als Erzieher): Mit seiner abschließenden Erklärung, die wiederum durchaus plausibel ist, diskreditiert er Innstetten erneut und erschließt sich Effis Nähe. Er erklärt ihr in kurzen Worten, dass Innstetten mit dem Spuk erzieherisch und kontrollierend/beherrschend wirken will. Damit belastet er das Verhältnis Innstetten – Effi in zweifacher Weise: Er deckt auf, dass es sich nicht um eine gleichberechtigte Beziehung handelt, sondern dass Innstetten Effi als Erziehungsobjekt, quasi als Kind sieht. Das muss auf Effi radikal desillusionierend wirken. Indem er aufzeigt, wie Innstetten den Spuk instrumentalisiert, um seine Frau zu kontrollieren („Eine junge Frau ist eine junge Frau, und ein Landrat ist ein Landrat. Er kutschiert im Kreise umher, und dann ist das Haus allein und unbewohnt. Aber solch ein Spuk ist wie ein Cherub mit dem Schwert...", HL S. 112/R S. 149), destabilisiert er die Beziehung der Eheleute und bereitet das Feld für seine eigenen Interessen. In Crampas' Sinne verläuft das Gespräch genau auf den Höhepunkt zu. Doch auch Effi fühlt sich aufgeklärt, sofern man die sich auf die Umgebung beziehende Äußerung „Ah, da sind wir wieder aus dem Walde heraus" (HL S. 112/R S. 149) auch auf ihren mentalen Zustand beziehen kann.

Verhältnis der Sprecher (symmetrisch/asymmetrisch): Das Verhältnis der beiden Gesprächspartner ist klar asymmetrisch. Crampas verfügt gegenüber Effi über einen Wissensvorsprung, an dem diese teilhaben möchte. Mit Effis Neugier und Aufklärungsbedürfnis kann Crampas mehr oder weniger spielen.

Verdeckte oder offene Kommunikation: Seitens Crampas ist es eine verdeckte Kommunikation. Er gibt Treue, Loyalität und sogar Freundschaft gegenüber Innstetten vor, verfolgt aber das Interesse, dessen Partnerschaft zu destabilisieren und eine Affäre mit seiner Frau zu beginnen. Crampas betreibt ein Spiel mit Herabsetzungen, eigener Zurücknahme und Offensive. Dass er sein eigenes Interesse nicht offen äußern kann, liegt in der Natur der Sache. Trotz der verdeckten Kommunikation operiert Crampas nicht mit Lügen oder frei erfundenen Unterstellungen; seine Erklärungen wirken durchaus plausibel, auch wenn er sein Eigeninteresse damit forciert.

Gesprächsbeteiligung: Crampas hat den weitaus überwiegenden Gesprächsanteil, was sich schon aus der Rollenverteilung ergibt, dass Effi diejenige ist, die, neugierig gemacht, nach Informationen und Erklärungen fragt. Allerdings wird ein wesentlicher

Gesprächsbeitrag Effis im Erzählerkommentar zusammengefasst: „Und nun brach Effi ihr Schweigen und erzählte, was sie alles in ihrem Hause erlebt und wie sonderbar sich Innstetten damals dazu gestellt habe." (HL S. 111/R S. 147)

Ergebnis/Ausgang des Dialogs – Welcher Gesprächspartner hat seine Ziele erreicht? Beide, obwohl Crampas einen Vorteil hat, was die expliziten Ziele betrifft. Er hat mit Erfolg Innstetten bloßgestellt, seine Beziehung untergraben und Effis Bereitschaft für die Affäre geweckt. Zugleich konnte er den äußeren Schein wahren. Effi hat ihrerseits Aufklärung über das merkwürdige Verhalten Innstettens und damit über einen wichtigen Aspekt ihrer Partnerschaft erfahren. Auch kann sie ihre Angst vor dem Spuk überwinden, der durch Crampas „rationalisiert" wurde: „ (...) Effi sah nach dem Stein und der Tanne hinüber, wo der Chinese lag." (HL S. 112/R S. 149)

Welche Funktion hat der Dialog innerhalb des Buches? Erklärung von Innstettens Verhalten, (zusätzliche) Erklärung des Scheitern des Ehe Innstetten/Effi, Vorbereitung des Ehebruchs. Damit handelt es sich um einen für das Buch wichtigen Dialog.

Welche Folgen hat der Gesprächsausgang für die weitere Handlung? Effi wendet sich von Innstetten ab und lässt sich mit Crampas ein. Das wird Jahre später per Zufall aufgedeckt und führt zu ihrer Verstoßung aus Familie und Gesellschaft sowie zu Crampas' Tod im Duell.

Aufgabe 2 ***

Analysieren Sie das Gespräch zwischen Effi, Innstetten und Crampas in Kapitel 15 ab HL Seite 103, Zeile 6/ R Seite 136, Zeile 22 („Ja, Geert, wenn du nur ein bisschen Sehnsucht gehabt hättest ...") bis zum Kapitelende auf HL Seite 106/R Seite 141. Achten Sie dabei nicht nur darauf, was gesprochen wird, sondern auch darauf, welche unterschiedlichen Sprachhandlungen mit den Äußerungen verbunden sind.

Mögliche Lösung in knapper Fassung:

INFORMATIONEN

Gesprächspartner: Effi, Innstetten, später (ab Teil 2) Crampas

Thematik: Beziehung Effi / Innstetten, Verhalten von Crampas, Soldatentod, Leben in Kessin, Kunst und Kultur

Einordnung in den Handlungszusammenhang: Effi ist nach ihrer Rückkehr von einem sehr harmonischen Aufenthalt zu Hause in Hohen-Cremmen melancholisch gestimmt. Innstetten befragt sie; in der Beziehung kommen erstmals Gefühle von Liebe und Leidenschaft zum Vorschein.

Erwartungshaltung und Intentionen der Sprecher: Effi wünscht sich Zuneigung und Unterhaltung, um in bessere Stimmung zu kommen. Innstetten will seiner Frau seine Zuneigung zeigen. Crampas will die junge Frau beeindrucken und sich Innstetten gegenüber aufspielen.

Aufbau/Einteilung des Dialogs – 1. Teil: „Ja, Geert, wenn du nur ein bisschen Sehnsucht gehabt hättest ..." (HL Seite 103, Zeile 6/ R Seite 136, Zeile 22) bis „Das ist ja, als ob es irgendein Don Juan oder Herzensbrecher gesprochen hätte." (HL Seite 103, Zeile 41ff./ R Seite 137, Zeile 27)

2. Teil: „‚Ja, wer weiß', lachte Effi …" (HL Seite 104, Zeile 1/R Seite 137, Zeile 28) bis „… und sie reichte Innstetten die Hand." (HL Seite 106, Zeile 5/R S. 140, Zeile 24)

3. Teil: „‚Abwechslung also', fuhr Crampas fort …" (HL Seite 106, Zeile 6/R Seite 140, Zeile 25) bis Kapitelende

ANALYSE

Gesprächsverlauf/Sprecherstrategien – 1. Teil: Effi macht Innstetten einen spielerisch vorgetragenen Vorwurf, er würde sie nicht recht lieben und habe keine Sehnsucht nach ihr gehabt; sie will damit genau dies von ihm provozieren. Innstetten geht darauf ein und teilt ihr mit, dass er sie seit der Geburt Annies verführerisch findet; damit macht er ihr ein Kompliment. Innstettens Feststellung wird von Effi generalisiert: „Wir müssen verführerisch sein, sonst sind wir gar nichts …" (HL S. 103/R S. 137), was auf Innstetten wiederum etwas befremdlich wirkt. → Deutliche Entspannung in der Beziehung Effi/Innstetten, vorsichtiges Bekenntnis Innstettens zu Liebe und Leidenschaft, das dennoch reserviert bleibt: Das Erotische und die Verführung bleiben ihm unheimlich, weil sie nicht zu kontrollieren sind.

2. Teil: Crampas kommt hinzu; sofort wird die Einstellung der Personen zueinander deutlich. Effi kommentiert sein Verhalten indirekt und ist besorgt: „Er wird doch nicht gebadet haben?" (HL S. 104/R S. 137) Innstetten wehrt ab und verurteilt Crampas' Verhalten, das er missbilligt: „Er macht öfter solche Sachen. Reine Renommisterei." (HL S. 104/R S. 137) Gleichzeitig wahrt er die Form und fordert ihn auf, näherzukommen. Effis Körpersprache – sie wiegt sich in ihrem Schaukelstuhl – zeigt an, dass sie in Crampas Gegenwart trotz sich abzeichnender Differenzen entspannt ist. Anders Innstetten: Er entschuldigt sich für die allzu intime Atmosphäre; es scheint, als ob er sich für seine Frau schämen würde. Es folgt eine Auseinandersetzung über Crampas' Verhalten. Dem Vorwurf Innstettens: „Unverantwortlich" (HL S. 104/R S. 138) hält

Crampas generalisierend entgegen: „Wer für den Strick geboren ist, kann im Wasser nicht umkommen." (HL S. 104/R S. 138) In dieser Generalisierung, die vom konkreten Gesprächsanlass (Baden trotz Verbot) wegführt, liegt eine Anspielung auf Crampas' späteren Tod. Zugleich liegt eine indirekte Charakterisierung vor, indem Crampas als Freund des Wassers, des Unberechenbaren, und Innstetten als Inbegriff des Irdisch-Festen, des Unbeweglichen, erscheint. Im folgenden Rededuell um den Sinn und die Wahrscheinlichkeit eines Soldatentodes verfolgen die Sprecher unterschiedliche Absichten: Crampas will sich vor Effi als soldatischer Haudegen in Szene setzen; Innstetten will ihn als unseriös entlarven und durch diese Herabsetzung diskreditieren. Crampas arbeitet dabei mit Unterstellungen, Innstettens gute Beziehungen zu Bismarck andeutend, während Innstetten auf Crampas' Absicht eingeht und sie ablehnt. Effi unterbricht diesen Disput, sei es aus Langeweile, sei es aus einer instinktiv gefühlten Angst und stellt eine Behauptung auf: „(...) das Leben ist uns näher und zunächst auch eine viel ernstere Sache." (HL S. 105/R S. 139) Damit lenkt sie von der Auseinandersetzung der beiden Männer ab und erreicht einen Themenwechsel: „Wie soll man hier [= in Kessin] leben?" (HL S. 105/R S. 139) Effi macht Crampas in Beziehung auf seine Rolle bei den Ressourcenabenden ein Kompliment: „Sehen Sie, Major, das gefällt mir besser als der Soldatentod oder gar der andere." (HL S. 105/R S. 140), welches Crampas zustimmend kommentiert. Damit haben die beiden eine Gemeinsamkeit gegenüber Innstetten, der, was diese Thematik betrifft, zuvor von Effi förmlich aus dem Gespräch ausgeschlossen wurde: „Innstetten (...) hat keinen Sinn für dergleichen." (HL S. 105/R S. 140) Das Stichwort der Eintönigkeit am Ort nutzt Crampas zu einer Anspielung und Provokation: „Abwechslung ist des Lebens Reiz, ein Wahrheit, die freilich jede glückliche Ehe zu widerlegen scheint." (HL S. 106/

R S. 140) Effi geht auf diese Provokation ein und nutzt sie zu einem (beinahe zu) demonstrativen Bekenntnis zu ihrer Ehe: „Wenn es glückliche Ehen gibt, die meinige ausgenommen..." (HL S. 106/ R S. 140) Der demonstrative Charakter hat die gegenteilige Wirkung, die Glaubwürdigkeit der Aussage wird dadurch widerlegt.

Fazit: Crampas gelingt es erfolgreich, sowohl Innstetten als auch Effi aus der Reserve zu locken, sich selbst in Szene zu setzen und interessant zu machen. Innstetten erreicht sein Ziel, Crampas vor Effi herabzusetzen, nicht. Effi scheint Crampas von Beginn an zu verstehen, geht auf ihn ein; sie kann auch mit seiner indirekten Sprechweise mithalten und kontern.

3. Teil: Crampas stellt sich selbst als Mensch der schönen Literatur dar. Effi kommentiert die Tatsache, dass er sich gelegentlich selbst als Dichter versucht, mit Anerkennung. Diese Mischung aus Soldat, der im eiskalten Wasser badet, und Dichter fasziniert sie. Innstetten spielt keine Rolle mehr, man könnte fast denken, er ist nicht mehr anwesend.

Verhältnis der Sprecher: Die Sprecher stehen in einem relativ symmetrischen Verhältnis zueinander, eine Hierarchie ist nicht zu erkennen.

Verdeckte oder offene Kommunikation: Zwar wird, vor allem von Crampas, indirekt kommuniziert, dennoch ist die Kommunikation als offen zu bezeichnen. Zwischen den Eheleuten ist erstmals im Roman ein offenes Gespräch über ihre Beziehung wahrzunehmen. Innstetten kritisiert offen, dass sich Crampas über das Badeverbot hinwegsetzt. Dass Crampas Innstetten indirekt angreift, ist in der Hierarchie begründet: Er kann dem Landrat nicht offen seine guten Beziehungen zu Bismarck zur Last legen.

Gesprächsbeteiligung: Die Anteile am Gespräch sind bei allen Personen in etwa gleich groß.

Ergebnis/Ausgang des Dialogs: Genau zu dem Zeitpunkt, als sich eine Entspannung in der Ehe von Effi und Innstetten andeutet, betritt der Widersacher die Bühne. Er erreicht schnell eine gewisse Gemeinsamkeit mit Effi gegenüber Innstetten. Auf Effi übt Crampas von Anfang an eine Wirkung aus. Es hat nicht den Eindruck, dass sie ihn unterschätzt, sondern dass sie sich von Beginn an auf ein Spiel mit ihm einlässt.

Welcher Gesprächspartner hat seine Ziele erreicht? Am ehesten Crampas: Es gelingt ihm, sich selbst wirkungsvoll in Szene zu setzen und Innstetten förmlich „alt aussehen" zu lassen. Er kann einen ersten Keil zwischen die Eheleute treiben, indem er die kulturelle Vorliebe mit Effi teilt und dieses auch voll ausspielt. Effi verhält sich abwartend, scheint aber Gefallen an Crampas zu finden. Innstettens Bemühungen um seine Frau, die zunächst Erfolg zu haben scheinen, verfliegen. Es gelingt ihm nicht, Crampas als Angeber zu diskreditieren; von ihm selbst ist am Ende keine Rede mehr.

Welche Funktion hat der Dialog innerhalb des Buches? Einführung Crampas' in die Handlung, Spannungssteigerung und erster Wendepunkt: Motivation der Ehebruchshandlung.

Welche Folgen hat der Gesprächsausgang für die weitere Handlung? Vorbereitung der Ehebruchshandlung in den folgenden Kapiteln.

Aufgabe 3 **

Beschreiben Sie die Rolle der Frau im Roman *Effi Briest* und nehmen Sie Stellung zur Ansicht, Frauen würden im Roman zwar als starke Figuren gezeigt, zumeist aber jedoch in Abhängigkeit von den Männern.

Mögliche Lösung in knapper Fassung:

BESCHREIBUNG

Einleitung – Frauen als (Titel)heldinnen bei Fontane: *Stine, Mathilde Möhring, Frau Jenny Treibel, Effi Briest* – bei Theodor Fontane sind Frauen in ungewöhnlicher Häufung die Protagonisten. Dabei fällt auf, dass sich der Erzähler in diesen Büchern regelmäßig mit seinen Protagonisten identifiziert. Auch in *Effi Briest* dominieren schon rein quantitativ die Frauengestalten: Effi, ihre Mutter, die Zwillinge, Johanna, die Trippelli, Geheimrätin Zwicker, die Ministergattin, die adligen Damen und andere. Ihnen stehen nur vier Männerfiguren gegenüber: Effis Vater, Innstetten, Crampas und Wüllersdorff; als Randfiguren sind noch Dr. Rummschüttel und Apotheker Gieshübler zu erwähnen. Die Frauengestalten bestimmen eindeutig den überwiegenden Teil der Handlung.

Hauptteil – Frauengestalten in *Effi Briest*: Allgemein fällt auf, dass den Frauen im Roman eine zumindest gleichberechtigte, wenn nicht eine stärkere Bedeutung zukommt als den Männern. Unabhängig von Ehebruchs- und Duellhandlung sind es die Frauen, die zum wesentlichen Teil die Handlung voranbringen.

Mutter Briest: erster Eindruck: warmherzig, vertraut. Ambitioniert, auf materielle Sicherheit bedacht: zieht bei ihrer eigenen Heirat den älteren Briest dem jüngeren, noch ohne gesellschaftliche Stellung versehenen Innstetten vor; überträgt ihre Ambitionen ohne jeden Zweifel auf ihre Tochter (Verheiratung); geht nur nach gesellschaftlicher Stellung, nicht nach Gefühlen; nimmt in der Beziehung zu ihrem Ehemann eine mindestens gleichberechtigte, wenn nicht stärkere Rolle ein (kritisiert ihn aufgrund mancher lockerer Bemerkungen und Ansichten, achtet dabei aber stets auf die gebotenen Grenzen); nimmt am Schluss (konsequenterweise) eindeutig die Stellung der gesellschaftlichen Konvention ein und zeigt sich verhärtet: sie ordnet praktisch, wenn auch nicht ohne Begründung, den Ausschluss Effis aus der Familie an; bleibt in ihrer Haltung praktisch bis zum Schluss hart und fügt sich am Ende nur einem Machtwort ihres Mannes, die kranke Tochter heimzuholen. – Konvention und gesellschaftliche Stellung gehen ihr über alles. In dieser Hinsicht denkt sie „männlicher" als Briest. Allerdings sollte man sie nicht vorschnell verurteilen: Die Unterwerfung unter die herrschende Konvention ist in der zweiten Hälfte des 19. Jahrhunderts eine der wenigen Möglichkeiten für eine Frau, sich selbst zu verwirklichen. Insofern schätzt sie die Bedeutung dieser Konvention durchaus realistisch ein. Allerdings stellt sich ihr die Grundfrage, ob Menschlichkeit nicht mehr zählt als Unterwerfung unter die herrschenden Sitten. Das macht sie letztlich doch zu einer problematischen Figur.

Effi Briest: erster Eindruck: jugendlich, kindlich (Spiele mit Nachbarsmädchen, Matrosenanzug), das Mädchen, das von der Schaukel weg geheiratet wird. – Leichtigkeit, Beschwingtheit, Übermut (Schaukel); gehorsam: stellt Entscheidung der Eltern/der Mutter praktisch nicht in Frage, ist ein „gutes Kind", ein „gutes Mädchen"; während der Ehe: weiß die angenehmen Seiten des Lebens als Landratsgattin durchaus zu genießen (Einkäufe, Personal, Haushalt, gesellschaftliche Stellung am Ort), sieht aber auch die Kehrseite: Langeweile, Kritik an altadliger Gesellschaft Kessins; ist ihrem Mann verpflichtet, erkennt ihre Rolle an (keine direkte Auseinandersetzung); vertritt die Konvention (Verurteilung des Verhältnisses von Dienstmädchen und Gärtner), setzt sich andererseits aber auch leichtfertig darüber hinweg, obwohl sie um die möglichen Folgen weiß. Effi wirkt in diesem Hin und Her (Schaukelbewegung) unentschlossen, nicht sonderlich gefestigt, in gewisser Hinsicht noch unreif. Nach der Aufdeckung des Ehebruchs erkennt sie die Konvention an, indem sie alle Schuld bereitwillig auf sich nimmt und sich in ihr Schicksal fügt, wobei fraglich ist, inwieweit sie als „gute Tochter" nur den Willen ihrer Eltern vollzieht; sie erkennt und benennt andererseits aber auch die Unmenschlichkeit und Sinnlosigkeit der gesellschaftlichen Konventionen. Sie nimmt nach wie vor keine klare Stellung ein, was ihr aber nicht persönlich anzulasten ist. Indem sie Innstetten aber am Schluss verzeiht, zeigt sie einen Moment wahrer Größe. In der Infragestellung der gesellschaftlichen Norm und in diesem Verzeihen unterscheidet sich Effi von ihrer Mutter und ist als autonome Person erkennbar.

Die Trippelli, Geheimrätin Zwicker: Die eigentlich starken und unabhängigen Frauenfiguren im Roman sind solche, die sich eigenständig in der Männerwelt bewegen. Die Trippelli wirkt selbstbewusst, genießt ihre Wirkung auf die Männer, bestimmt selbst, „was auf dem Programm steht" und wird in dieser Eigenschaft auch von Effi bewundert; allerdings ist sie als Künstlerin mehr oder weniger automatisch eine Außenseiterin, und möglicherweise erlaubt ihr nur diese Außenseiterstellung ihre Freiheit und damit Stärke. Die Geheimrätin Zwicker ist verwitwet und alleinstehend, was sie durchaus zu genießen scheint; sie ist abgeklärt, weiß um Leidenschaft und Liebe und auch um den Druck gesellschaftlicher Konventionen Bescheid; sie bietet Effi praktische Hilfe und Beistand an, ist aber auch nicht imstande, sich über oder gegen die gesellschaftlichen Konventionen zu stellen; materielle Basis ihrer Unabhängigkeit ist die Pension ihres Mannes. Sowohl die Trippelli als auch die Geheimrätin sind Nebenfiguren und stellen keine echte Alternative zur gesellschaftlichen Konvention dar. Ihre Unabhängigkeit von den Männern ist spezifisch bedingt (Künstlertum, materielle Unabhängigkeit) und keine bewusste Entscheidung oder ein neues Rollenverständnis.

STELLUNGNAHME

Schluss – Einordnung der Figuren, Einschätzung des Zitats: Fontane entwickelt seine Frauenfiguren in starker und differenzierter Weise aus. Dabei werden sie mehr der – männlich geprägten – gesellschaftlichen Konvention als den Männern selbst entgegengestellt. Die Abhängigkeit der Frauen von den Männern, die Fontane zeigt, entspricht den tatsächlichen Verhältnissen (der spezifischen gesellschaftlichen Schicht) und wird nicht übertrieben dargestellt. Stärker sind sie aber von der gesellschaftlichen Norm („Kinder – Küche – Kirche", die Frau als Hüterin des familiären Glücks und der Integrität) als von den Männern selbst abhängig. Dass sie diese Norm als Einzelne nicht zu überwinden imstande sind, ist ihnen nicht als Schwäche anzulasten.

Aufgabe 4 **

Charakterisieren Sie auf der Basis des „Coupé-Monologs" (Kapitel 29) Baron von Innstetten und berücksichtigen Sie dabei die beiden folgenden Einschätzungen aus dem Roman:
„Innstetten, unbestritten, ist ein famoses Menschenexemplar, Mann von Charakter und Schneid." (Effi Briests Vater, Kapitel 4/HL Seite 21, Zeile 18ff./R Seite 27, Zeile 1 ff.) – „Ein Streber war er, weiter nichts." (Effi, Kapitel 33/HL Seite 233, Zeile 3/R Seite 309, Zeile 33)

Mögliche Lösung in knapper Fassung:

Kurze Einführung in die Handlung: Effi wird als 17-Jährige von Innstetten, der schon einmal Bewerber um die Mutter war, geheiratet. Der Altersunterschied sowie große Mentalitätsunterschiede und das Leben im eher hinterwäldlerischen Kessin führen zu einer Krise bei Effi. Effi lässt sich anscheinend leichtfertig auf eine Affäre mit Crampas, einem Major und Frauenhelden, ein. Jahre später, Effi lebt mit ihrer Familie wieder in Berlin, wird diese Affäre durch einen Zufall aufgedeckt. Obwohl es offenkundig sinnlos ist und er selbst keine persönlichen Rachegelüste verspürt, fordert Innstetten Crampas zum Duell und tötet ihn. Effi wird aus ihrer Familie, auch von ihren Eltern, verstoßen und lebt allein in Berlin. Erst schwer krank darf sie in ihr Elternhaus zurückkehren und stirbt dort.

EINORDNUNG DER ZITATE

„Ein Streber war er, weiter nichts." – Kontext: Effi bekommt, durch höchste Vermittlung ermöglicht, Besuch von ihrer Tochter Annie, erlebt aber ein abgerichtetes Kind, mit dem keine Kommunikation oder Wärme möglich ist. Maßlos enttäuscht schickt sie

Annie zurück. Ihre ganze Wut auf Innstetten, die sie als vermutlich mit Recht als Urheber dieser Abrichtung ansieht, entlädt sich in einem Monolog, der im o. g. Ausruf kulminiert. Hat sie damit Recht? Innstetten legt großen Wert auf Karriere und Äußerlichkeiten. Alles wird seinen Ambitionen untergeordnet: Versetzung nach Kessin, dort Umgang mit dem alten, rückständigen Adel. Auch die Besucherlaubnis für Annie ist letztlich seinen Ambitionen zu verdanken, da die Frau seines Vorgesetzten, des Außenministers, interveniert hat. Auf den ersten Blick erscheint Innstetten somit tatsächlich als herzloser „Streber". Dass er möglicherweise anders, differenzierter betrachtet werden kann, zeigt das Zitat des alten Briest.

„Innstetten, unbestritten, ist ein famoses Menschenexemplar, Mann von Charakter und Schneid." – Kontext: Dialog der Eltern über den Heiratskandidaten Innstetten. Der Vater lässt Zweifel erkennen, lobt ihn aber dabei auch mit den o. g. Worten. Obwohl sich für Briests Einschätzung in der Tat nur wenige Belege anführen lassen, ist zu berücksichtigen: Bis zur Aufdeckung der Affäre ist Innstetten, sieht man von seiner Instrumentalisierung des Chinesenspuks einmal ab, um seine Frau bemüht. Ihm ist bewusst, dass Kessin und die Lebensumstände dort nicht Effis Wesen entsprechen. Er hat selbst eine distanzierte Haltung gegenüber der altadligen Gesellschaft. Er distanziert sich sogar vom überkommenen Ehrenkodex und dem Zwang zur Duellforderung. Daraus folgt: Er ist realistisch und in seinen Ansichten stellenweise auch fortschrittlich. Dass er ein „Mann von Charakter" ist, kann ihm durchaus zugebilligt werden, und dass diese Einschätzung aus dem Mund des alten Briest kommt, verleiht ihr hohe Glaubwürdigkeit. Zwei Textstellen, die einen differenzierten Blick auf Innstettens Charakter erlauben, sind die Gespräche mit Wüllersdorff, bei denen Innstetten trotz vorhandener Distanz und klarer Einschätzung der gesellschaftlichen Norm zum Duellentschluss kommt.

CHARAKTERISIERUNG

„Coupé-Monolog" – Kontext: Rückweg von Kessin nach Berlin nach dem für Crampas tödlich verlaufenen Duell; Selbstreflexion des Geschehenen und des eigenen Handelns. Innstetten sieht sich im Recht: „Schuld verlangt nach Sühne; das hat einen Sinn." (HL S. 205/R S. 272); er hat eine vergeltende Rechtsauffassung (Auge um Auge, Zahn um Zahn.). Ablehnung des Gedankens der Verjährung als etwas Gewöhnliches: Innstetten findet das Duell in gewissem Sinn als stilvoll, über den profanen Alltag erhebend. Diesbezüglich kann an Innstettens Charakterstärke gezweifelt werden. Allerdings dient dies der Selbstvergewisserung: „Und er richtete sich an dieser Vorstellung auf (...)" (HL S. 205/R S. 273). Aufkommen deutlicher Selbstzweifel: „Es *muss* eine Verjährung geben, Verjährung ist das einzig Vernünftige (...)." (HL S. 205/R S. 273) Distanz zum eigenen Handeln, auch zu seiner Manipulation Wüllersdorffs: Innstetten ist fähig, über die Grenzen des eigenen Interesses und der gesellschaftlichen Konvention hinauszuschauen. Er ist in der Lage, grundsätzliche moralische Fragen und Probleme zu überdenken: „Zehn Jahre verlangen noch ein Duell, und da heißt es Ehre, und nach elf Jahren oder vielleicht schon bei zehnundeinhalb heißt es Unsinn. Die Grenze, die Grenze. Wo ist sie?" (HL S. 205/R S. 273) Innstettens Problem: Er stellt die richtige Fragen, versucht aber nicht, Antworten darauf zu finden. Er stellt diese richtigen Fragen nach seiner Tat, deren Ergebnis unumkehrbar ist. Zuvor, im Gespräch mit Wüllersdorff, tut er alles, um sie zu unterdrücken. „Schneidig" und mutig wäre es gewesen, sich ohne Ansehen der öffentlichen Meinung über die Konvention hinwegzusetzen und der Stimme des Gewissens und der eigene Einsicht zu folgen. Ergebnis: Innstettens Zweifel bleiben folgenlos. Kritisch formuliert sind sie wohlfeil und billig.

Fazit: Innstetten erscheint bestenfalls als zwiespältiger Charakter, der das Richtige denkt, aber das Falsche tut. Mehr als ein „Mann von Charakter" ist er ein Mann von Prinzipientreue. Das kann viele Gründe haben: seine Erziehung, seine Ambitionen, die gesellschaftliche Norm. Effis Einschätzung als „Streber" ist einseitig und aus einer emotional aufgeladenen Situation heraus zu erklären. Insgesamt ist sie aber mit ihrer Einschätzung näher an der Persönlichkeit Innstettens als ihr Vater. Die Entscheidung zum Duell und zur gnadenlosen Behandlung Effis zeugen von einem hohen Maß an Konformität gegenüber stereotypen Vorstellungen von mehrheitlich für richtig befundenem Verhalten. Innstetten ist nicht in der Lage, sich über die geltende Orientierung an Recht und Ordnung, Autorität und festgelegten Regeln hinwegzusetzen und zu eigenen Entscheidungen zu kommen.

LITERATUR

Zitierte Ausgaben:

Fontane, Theodor: *Effi Briest. Roman.* Husum/Nordsee: Hamburger Lesehefte Verlag, 2009 (Hamburger Leseheft Nr. 171, Heftbearbeitung: Elke und Uwe Lehmann). Zitatverweise sind mit **HL** gekennzeichnet.

Fontane, Theodor: *Effi Briest. Roman.* Stuttgart: Philipp Reclam jun., 2002 (Reclams Universal-Bibliothek Nr. 6961). Zitatverweise sind mit **R** gekennzeichnet.

Briefe Theodor Fontanes:

Fontane, Theodor, *Fontanes Briefe in 2 Bänden.* Ausgewählt und erläutert von Gotthard Erler, Berlin, Weimar 1968

Sekundärliteratur:

Bange, Pierre: Humor und Ironie in Effi Briest. In: *Fontanes Realismus*. Berlin 1972, S. 143–148

Beintmann, Cord: *Theodor Fontane.* München 1998

Bonwit, Marianne: Effi Briest und ihre Vorgängerinnen Emma Bovary und Nora Helmer. In: *Monatshefte (Wisconsin) 40*, 1948, S. 445–456

Dyck, Joachim u. **Wurth, Bernhard:** ‚Immer Tochter der Luft'. Das gefährliche Leben der Effi Briest. In: *Psyche 39*, 1985, S. 617–633

Gilbert, Mary E.: *Das Gespräch in Fontanes Gesellschaftsromanen.* Leipzig 1930

Grawe, Christian: Effi Briest. Geducktes Vögelchen in Schneelandschaft: Effi von Innstetten, geborene von Briest. In: *Interpretationen. Fontanes Novellen und Romane*. Stuttgart 1991, S. 217–242

Jolles, Charlotte: *Theodor Fontane.* Stuttgart/Weimar, 4. Auflage 1993

Hamann, Elsbeth, *Theodor Fontane, Effi Briest. Interpretationen.* München, 2., überarbeitete Auflage 1988

Hubig, Christoph: ‚Es ist so viel Unschuld in ihrer Schuld': Theodor Fontanes Stellung zur ‚preußischen Moral' am Beispiel der Effi Briest . In: *Preußen: Versuch einer Bilanz* (Ausstellungskatalog Berlin) Bd. 4, 1981, S. 109–120

Martini, Fritz: Theodor Fontane. In: ders.; *Deutsche Literatur im bürgerlichen Realismus.* Stuttgart 1962, S. 790–794

Mende, Dirk: Frauenleben. Bemerkungen zu Fontanes L'Adultera nebst Exkursionen zu Cécile und Effi Briest. In: *Fontane aus heutiger Sicht,* München 1980, S. 183–213

Müller-Seidel, Walter: *Theodor Fontane. Soziale Romankunst in Deutschland.* München 1975, S. 351–377

Nürnberger, Helmuth: *Theodor Fontane in Selbstzeugnissen und Bilddokumenten.* Reinbek bei Hamburg 1968

Quabius, Richard: Die Gestaltung des Raumes in Theodor Fontanes Roman Effi Briest. In: *Acta Germanica 5,* 1970, S. 133–152

Remak, H. H. H.: Politik und Gesellschaft als Kunst: Güldenklees Toast in Fontanes Effi Briest. In: *Formen realistischer Erzählkunst,* Nottingham 1979, S. 550–562

Reuter, Hans-Heinrich: *Fontane.* 2 Bd. München 1968, S. 680–684

Schillemeit, Jost: *Theodor Fontane. Geist und Kunst seines Alterswerks.* Zürich 1961, S. 79–105

Seiffert, Hans Werner (unter Mitarbeit von Christel Laufer): Effi Briest und Spielhagens „Zum Zeitvertreib". Zeugnisse u. Materialien. In: ders.: *Studien zur neueren deutschen Literatur.* Berlin 1964, S. 255–300

Solms, Wilhelm: Effi und Innstetten: ‚ein Musterpaar'? Zum poetischen Realismus Fontanes. In: *Germanisch-Romanische Monatsschrift 35*, 1985, S. 189–208

Thanner, Josef: *Die Stilistik Fontanes. Untersuchungen zur Erhellung des Begriffes „Realismus" in der Literatur.* Den Haag/Paris 1967

Wandrey, Conrad: *Theodor Fontane.* München 1919

Sonstige Literatur:

Bebel, August: *Die Frau und der Sozialismus.* Stuttgart: Dietz, 1895, Berlin: Dietz, 66. Aufl. 1999

Frevert, Ute: *Ehrenmänner. Das Duell in der bürgerlichen Gesellschaft.* München 1995

Simmel, Georg: *Soziologie: Untersuchung über die Formen der Vergesellschaftung.* Berlin 1. Aufl. 1908

Verfilmungen:

Rosen im Herbst. BRD 1955.
Regie: Rudolf Jugert. Drehbuch: Horst Budjuhn.

Effi Briest. DDR 1970 (Fernsehproduktion).
Regie und Drehbuch: Wolfgang Luderer.

Effi Briest. BRD 1974.
Regie und Drehbuch: Rainer Werner Fassbinder.

Effi Briest. Deutschland 2008.
Regie: Hermine Huntgeburth. Drehbuch: Volker Einrauch.

STICHWORTVERZEICHNIS

Adel 6, 7, 14, 15, 17, 18, 19, 21, 24, 30, 42, 43, 45, 49, 58, 59, 75, 86, 89, 93, 97, 100, 106, 107, 110, 111, 133

Annie 22, 26, 31, 34, 36, 38, 47, 55, 98, 100, 108, 124, 132, 133

Ardenne, Armand von 20, 21, 22, 23

Berlin 6, 7, 9, 10, 11, 12, 13, 14, 27, 28, 29, 34, 36, 37, 38, 40, 44, 47, 50, 55, 56, 57, 59, 91, 93, 95, 98, 100, 132, 134

Bürger, Bürgertum 14, 19, 59, 100, 108, 111

Chinese, Chinesenspuk 30, 33, 45, 49, 54, 80, 90, 102, 119, 122, 133, 31, 50, 51, 61, 86, 120, 121

Crampas 7, 21, 22, 24, 27, 31, 33, 32, 34, 35, 36, 37, 40, 45, 49, 50, 53, 54, 55, 56, 57, 60, 61, 81, 83, 84, 94, 95, 96, 98, 113, 117–135

Duell 7, 22, 23, 31, 36, 37, 40, 49, 57, 58, 59, 60, 61, 77, 82, 83, 84, 89, 90, 99, 100, 106, 111–116, 118, 120, 122, 132–135

Ehe 8, 19, 20, 21, 22, 25, 28, 30, 36, 44, 53, 54, 59, 60, 86, 87, 94, 97, 98, 99, 105, 108, 113, 114, 116, 122, 125, 126, 127

Ehebruch 6, 20, 22, 23, 26, 28, 40, 48, 52, 60, 84, 91, 92, 94, 97, 99, 110, 113, 115, 122, 127, 128, 130

Ehre, Ehrenkodex 17, 18, 19, 24, 28, 54, 58, 59, 60, 61, 82, 107, 112, 112, 113, 114, 115, 116, 132, 133, 134

Frau, Frauenbild 24, 25, 26, 59–61, 85, 92, 93, 97, 101, 110, 111, 113, 115, 116, 128–131

Gesellschaft 8, 14, 15, 18, 19, 24, 25, 26, 28, 31, 36, 37, 38, 40, 43, 44, 45, 47, 48, 50, 51, 52, 53, 59, 60, 83, 85, 89, 90, 92, 95, 97, 98, 99, 100, 101, 104, 105, 108, 109, 110, 111, 112, 113, 115, 116, 122, 128, 129, 130, 131, 133, 134, 135

Hohen-Cremmen 26, 31, 32, 36, 38, 39, 40, 43, 48, 51, 52, 56, 86, 89, 123

Innstetten 6, 7, 17, 21–25, 27–39, 42, 44, 45, 47–61 77, 80, 82, 83–91, 94, 95, 97, 98, 99, 100, 105, 106, 108, 109, 111–114, 117–135

Johanna 29, 30, 55, 88, 128

Kessin 7, 22, 23, 27, 28, 29, 30, 31, 32, 34, 35, 37, 40, 44, 45, 49, 53, 56, 57, 59, 80, 81, 85, 86, 93, 95, 97, 100, 109, 117, 118, 123, 125, 129, 132, 133, 134

Liebe 18, 19, 28, 32, 36, 52, 60, 95, 97, 108, 113, 123, 124, 130

Madame Bovary 24–26

Mutter Briest 8, 29, 43, 128, 6, 21, 27, 28, 31, 35, 34, 37, 39, 38, 43, 44, 48, 51, 52, 81, 82, 86, 91, 93, 97, 100, 108

Plotho, Elisabeth von 20, 21

Preußen, Preußentum 6, 14, 15, 16, 17, 18, 64, 65, 66, 69, 70, 73, 75, 89, 90, 97, 100, 108, 109

Prinzipien 7, 8, 22, 29, 39, 42, 43, 49, 50, 55, 119, 135

Realismus 8, 15, 24, 40, 49, 52, 79, 89, 102

Roswitha 31, 34, 36, 39, 55, 56, 82, 86, 87, 88–94

Stand 18, 84, 106, 107

Vater Briest 8, 28, 43, 57, 87, 93, 94, 17, 27, 48, 51, 52, 53, 88, 89, 99, 129, 133

Wüllersdorf 25, 36, 37, 39, 53, 54, 56–58, 82, 83, 87, 99, 100, 112, 114, 128, 133, 134